中职生安全教育

主　编　邓廷奎
副主编　廖正辉　冯治国
　　　　艾加飚　冯　娟

北京理工大学出版社
BEIJING INSTITUTE OF TECHNOLOGY PRESS

图书在版编目（CIP）数据

中职生安全教育 / 邓廷奎主编 . -- 北京 : 北京理

工大学出版社 , 2023.4

ISBN 978-7-5763-2290-3

Ⅰ . ①中… Ⅱ . ①邓… Ⅲ . ①安全教育—中等专业学

校—教材 Ⅳ . ① G634.201

中国国家版本馆 CIP 数据核字（2023）第 065413 号

出版发行 / 北京理工大学出版社有限责任公司

社　　　址 / 北京市海淀区中关村南大街 5 号

邮　　　编 / 100081

电　　　话 /（010）68914775（总编室）

　　　　　　（010）82562903（教材售后服务热线）

　　　　　　（010）68944723（其他图书服务热线）

网　　　址 / http://www.bitpress.com.cn

经　　　销 / 全国各地新华书店

印　　　刷 / 定州市新华印刷有限公司

开　　　本 / 889 毫米 × 1194 毫米　1/16

印　　　张 / 10.5

字　　　数 / 208 千字

版　　　次 / 2023 年 4 月第 1 版　2023 年 4 月第 1 次印刷

定　　　价 / 34.00 元

责任编辑 / 王晓莉

文案编辑 / 王晓莉

责任校对 / 周瑞红

责任印制 / 边心超

前 言

　　安全是个体生存发展的基本需求，是建设平安校园的必要条件，是社会和谐稳定的坚实基础。职业院校学生的身心平安与健康关系着千家万户的幸福与安康，也关系着国家的稳定与社会的和谐。社会发展到今天，从现代教育理论的角度要求我们必须由"应试教育"向"素质教育"转变。因为教育本身是为了提高学生的综合素质，而不是单纯地向他们灌输科学文化知识。我们不难看出，在学校对学生开展安全教育，具有加速培养合格人才的作用。从学校治理的角度看，开展安全教育可以提高学生的素质，为学生的健康成长和全面成长创造良好的外部环境。

　　所以，职业学校做好安全教育工作是全面实施素质教育的重要内容，也是提高学生良好职业素养和职业能力的重要环节。为了体现学校对新时期安全教育工作的高度重视，增强教师对安全教育工作的责任感和使命感，帮助学生全面树立安全意识、掌握安全知识、增强安全技能，特编写本书。

　　本书依据国务院及相关部门颁布的相关安全法律法规和全国职教工作精神，紧密结合中等职业学校实际，针对中职学生的特点，本着"够用、适用"的原则，通过查阅并参考大量安全教育相关资料，广泛吸取兄弟学校、行业企业等的意见和建议编写而成。

　　本书全面系统地介绍了职业学校安全教育的相关内容，具有以下特点：

　　（1）体系完整，结构合理，内容编写循序渐进，符合学生的认知规律，有助于提高学生的学习兴趣，充分体现了职业教育特性。

　　（2）理论知识与实际案例相结合，且附有知识链接，信息量丰富，可读性和实践性较强。

　　（3）内容深度适宜，语言通俗易懂，图文并茂，实用性和针对性较强。

　　本书校本特色突出，紧贴生活实际，既可作为中等职业学校安全教育用书，也可作为生活用书。

本书在编写过程中，得到了学校领导及同人们的大力支持和帮助，他们对书中内容提出了宝贵的意见，在此一并表示衷心的感谢！

　　由于时间仓促，编者水平有限，书中不足之处在所难免，敬请读者批评和指正，谢谢！

编　者

2023年2月

目 录

contents

模块一 国家安全

案例引入

2022年9月，广东省国家安全机关公布一起境外情报机构通过网络策反境内人员，窃取中国军事机密的案件。据悉，这一境外情报机构近年针对中国学生实施了数十次网络策反活动，他们以金钱诱使涉世未深的学生参与情报搜集、分析和传递。

事件开始于2020年8月底，当时徐某进入中职学校读书。由于家庭条件不宽裕，于是他在微信群里发了一条"寻求学费资助2 000元"的求助帖。

不久，一网名为"帮助你"的人回帖，询问了徐某的具体信息，然后表示愿意提供帮助。当时就在微信中向徐某转账2 000元。"帮助你"告诉徐某，他是一家境外投资咨询公司的研究员，需要为客户搜集解放军部队装备采购方面的期刊资料，希望徐某协助，作为资助学费的回报。徐某痛快地答应了。

这么好赚的钱，让徐某心理发生了变化。随后的2021年9月，对方向他提供了一份"田野调研员"的兼职，月薪3 000元。徐某所在的城市有一个军港码头和一家历史悠久的造船厂，他的"调研"工作就是到军港拍摄军事设施和军舰，到船厂观察、记录在造和在修船舰的情况，并将有船舰方位标识的电子地图做成文档，提供给"帮助你"。双方约定的传送方法是：

手机约好时间，然后徐某把加密文档上传至网络硬盘，而"帮助你"立即从境外登录下载。

一年后案发，徐某承认，做"调研员"不久，他就意识到对方是搜集我国军事情报的境外间谍，但利诱当前，却难以拒绝对方。

来自权威消息源的案例显示，多数学生在网上求职或网聊过程中被境外间谍盯上，他们最初提供信息时并不知情，但部分人在觉察对方身份的情况下仍因贪利而持续配合，直至被国家安全机关依法处理。

单元一　维护国家安全

一、国家安全的概念

有国家就有国家安全工作，古今中外，概莫能外。无论处于什么社会形态，或者实行怎样的社会制度，都会视国家利益为最高、最根本的利益，将维护国家安全列为首要任务。维护国家安全，是坚持和发展中国特色社会主义，实现"两个一百年"奋斗目标和中华民族伟大复兴中国梦的重要保障。

学生时代是世界观、价值观、人生观形成的重要时期，也是国家安全意识养成的最重要时期。中职生是未来国家建设的中坚力量，也是国家的未来和希望。中职生通过学习国家安全相关知识，可以提高国家安全意识，树立正确、系统的国家安全观，从而正确地观察、分析当代中国国情及安全环境，正确认识政治、社会、民族、宗教、外交等各方面的问题，增强抵御不良文化思潮及腐朽没落价值观念的冲击和影响的能力，增强自觉维护国家安全的责任感。这对我们国家的稳定发展和长治久安具有深远的现实意义和战略意义。

国家安全是指国家的独立、主权、领土完整以及相关的国家政权、社会制度和国家机关的安全，其实质是指与国家政权直接相关的安全。国家安全如图1-1所示。

图 1-1　国家安全

国家安全有广义和狭义之分：

广义的国家安全，是指国家的主权统一、独立，领土神圣不可侵犯，以及公共秩序、社会秩序、公民和国家的财产及其他权利等各个方面的安全。

狭义的国家安全，仅指国家的政权以及与政权直接相关的政治制度和经济制度。

二、维护国家安全

（一）增强爱国主义观念

作为一名中国人，一言一行都关系着国格和人格。因此，不论遇到什么复杂情况，都要胸怀祖国，把国家利益放在高于一切的地位。一些出国人员面对西方国家一些"热心人"的金钱和物质的许诺，心不为所动，毅然如期回到了祖国，表现出了中国人民热爱祖国的高风亮节。

（二）保持警惕，把握原则

要掌握内外有别的原则，对敏感问题，可以多讲原则，少讲具体问题。在与朋友和家人通信、通电话、交谈中不要涉及国家机密和内部事项。内部讨论问题要注意场合，防窃听、窃密。

（三）努力维护学校的稳定

教育是民族振兴的基石，关系到民族的未来和广大人民群众的根本利益；学校是教师教学、科研和学生学习、生活的重要公共场所。创造和维护良好的学习和生活环境，对于保证青年大学生的健康成长、维护社会稳定和国家安全、实现中华民族伟大复兴至关重要。

作为中职生，要积极维护学校良好的学习和生活环境，维护学校的稳定。一要通过正当途径和程序向学校有关方面积极反映意见，如通过班级干部及时转告你的意见和想法，向辅导员和院系党政领导反映你的意见和要求，或直接找学校有关部门的教师处理你迫切需要解决的问题，利用校、院领导群众来访接待日，直接向学校最高领导反映意见等。二要积极应对不利于学校稳定的事件。遇事要头脑冷静和理智地思考，正确判别是非曲直，也要积极帮助你的同学或朋友权衡利弊，提出忠告。同时，为了避免某些矛盾激化，应主动向学校各级组织反映情况。如果你发现有极少数别有用心的人进行恶意煽动、闹事，破坏学校稳定，要敢于与之斗争。不要散播未经核实、非正规部门公布、无事实根据、危害学校稳定的言论，在得到正规部门证实前，不要轻易相信任何不良言论。

国家安全对国家、民族的生存和发展提供了有力的保障。维护国家安全是中职生报效祖国、弘扬爱国主义精神的重要体现。当前，我国安全形势总体是好的，但不稳定因素依然存在，如恐怖主义、分裂组织、邪教组织、军事间谍、经济间谍等。

（1）始终树立国家利益高于一切的观念。国家安全是国家和民族生存与发展的首要保障。把国家安全放在高于一切的地位，是国家利益的需要，也是个人安全的需要。

（2）对国家安全秘密要有正确的认识。每个国家都有自己的政治、经济、文化、军事、科技、资源等秘密，不要受人诱惑去窃取这些秘密，要保守已知晓的国家秘密，否则很容易走上违法犯罪的道路。

（3）对于试图分裂祖国和窃取国家机密的人，要及时举报，进行斗争，决不允许其恣意妄行。

（4）当国家安全机关需要大家配合工作的时候，每个人都应当按照《中华人民共和国国家安全法》赋予的义务和要求，尽力提供便利条件或其他协助，如实提供情况和证据，做到不推、不拒，更不能以暴力、威胁等方法阻碍国家安全机关人员执行公务。

单元二　防范恐怖主义

一、认识恐怖活动

近年来，暴力恐怖袭击案件和个人极端暴力犯罪案件呈突发、频发的特点，造成大量无辜群众伤亡。与一般刑事犯罪案件相比，暴力恐怖袭击案件对国家、社会的危害要大得多。有的恐怖袭击案件甚至挑起民族、宗教矛盾，带有明显的政治目的，与复杂的国际形势密不可分。因此，反恐防暴斗争具有复杂性和艰巨性。

2011年10月29日，十一届全国人大常委会第二十三次会议经表决，通过了《关于加强反恐怖工作有关问题的决定》。该决定对恐怖活动、恐怖活动组织、恐怖活动人员做了界定：恐怖活动是指以制造社会恐慌、危害公共安全或威迫国家机关、国际组织为目的，采取暴力、破坏、恐吓等手段，造成或者意图造成人员伤亡、重大财产损失、公共设施损坏、社会秩序混乱等严重社会危害的行为，以及煽动、资助或者以其他方式协助实施上述活动的行为；恐怖活动组织是指为实施恐怖活动而组成的犯罪集团；恐怖活动人员是指组织、策划、实施恐怖活动的人和恐怖活动组织的成员。

恐怖主义思想是恐怖活动的重要诱因。恐怖分子通过制作、发布音视频、散发非法宣传品等形式，千方百计地向群众传播恐怖主义思想，煽动实施恐怖活动，传授恐怖袭击方法。作为普通公民，我们要学会识别。识别恐怖行为如图1-2所示。

图1-2　识别恐怖行为

二、防范暴力恐怖袭击案件

当危险来临时，应首先保持冷静。暴力恐怖袭击案件的基本应对原则可归纳为：一逃、二躲、三斗、四帮。

第一选择是"逃"。就是快速辨明袭击的来源和方式，选择保障自身安全的方式，迅速逃离危险区，跑到安全处，逃离袭击者范围。遇有枪击曲线跑，遇有砍杀直线跑，遇有车辆冲撞向两侧跑，在跑的过程中注意避免踩踏和拥挤。

第二选择是"躲"。逃离袭击者视线后，根据现场情况选择店铺、房间、树木、车体躲藏，并顺手拿起身边的工具等物体帮助躲避和阻挡砍杀；尽可能保持安静，及时把手机调至静音，适时用短信等方式向警方求救。遇到爆炸时迅速趴下，或就近选择掩藏场所，顺手使用简易的遮挡物护住身体的重要部位和器官。

第三选择是"斗"。组织发动现场的青壮年力量顺手拿起身边或现场的各种工具和物品，如皮带、箱包、桌椅、拖把等，进行防卫或抵抗，迅速击打对方的头部、眼睛等要害部位，使其失去行动和反抗能力，等待警察等专业人员到达现场处置。

第四选择是"帮"。先自保后救人，力所能及地救死扶伤。在确保已脱离暴力袭击者的袭击范围并保证自身安全的情况下进行隐藏求救，迅速拨打110、120、119。同时，应当首先保障儿童、妇女快速撤离，然后力所能及地救助伤员。要牢记生命安全第一，以逃生为第一选择，切勿贸然进入危险区域抢救财物。

（一）学校发生劫持恐怖袭击事件时的应急避险指南

第一，现场师生要保持镇静，不要乱跑乱叫。

第二，可先顺从劫持者，满足劫持者提出的要求。

第三，不要随便触碰现场的物品，以免触动爆炸装置或毒气设施。

第四，无论有什么事，学生都要向老师报告，不要直接与劫持者交涉。

第五，根据现场情况，老师要设法与劫持者交涉，争取逐步释放学生，优先释放体弱、生病、受伤的学生和女学生，并设法让被释放的学生把里面的有关情况、信息传递出去（尽可能讲明劫持者的人数、大体位置、武器装备、爆炸装置的位置等）。

第六，学生家长不要擅自采取营救行动。

第七，警察采取解救行动时，人质尽可能地卧倒贴地，用双手抱住头部，随后迅速按警察的指令撤离。不要激怒恐怖分子如图1-3所示。

图 1-3　不要激怒恐怖分子

（二）学校发生爆炸恐怖袭击事件时的应急避险指南

第一，学校和老师告诫学生不要惊慌乱跑，要趴在原地。

第二，用随身携带的手帕、纸巾或衣角捂住口鼻，防止烟气中毒。

第三，服从统一指挥，有秩序地从安全通道迅速撤离到安全区域。

第四，不要乘坐电梯下楼。

第五，多层楼梯的转角处要有老师引导和维护秩序，防止前后踩踏事故的发生。

第六，学校或老师迅速报警，并协助警方调查。

第七，组织自救、互救，等待救援队伍。

（三）学校发生生化恐怖袭击事件时的应急避险指南

第一，发现可疑的生化恐怖袭击迹象，学校要立即报告警方或应急管理部门。

第二，迅速用湿毛巾、手帕或衣角捂住口鼻，扎好领口、袖口、裤脚口，尽量减少皮肤的外露，以防人体表面被损伤或被蚊虫叮咬。

第三，统一指挥，有秩序地将师生转移到附近的人防工事内，或转移到上风方向的高地。

第四，来不及撤离的师生，可躲在封闭性较好的学校建筑物内，关严门窗，堵住缝隙，关闭空调机、通风机，等待救援人员。

第五，撤离到安全区域的师生，要迅速脱去被侵蚀的衣物，清洗或擦拭裸露的皮肤。

第六，如发现师生染毒，应及时用清水、肥皂水冲洗染毒部位，并紧急送往医院，对症处理。

第七，如发现师生染病，要尽快将其隔离并送往医院治疗，防止传染给其他师生。

（四）学校发生核辐射恐怖袭击事件时的应急避险指南

第一，组织师生迅速远离放射源和污染区。不能迎着风跑，也不能顺着风跑，应尽量往风向的侧面躲。

第二，迅速用湿毛巾、手帕或衣角捂住口鼻（或佩戴防毒面具和各类防护口罩）。佩戴防毒面具标识如图1-4所示。扎好裤脚口、袖口、领口，或用雨衣、塑料布等把暴露的皮肤遮盖住。

第三，不要乘坐电梯下楼。

第四，多层楼梯的转角处要有老师引导和维护秩序，防止前后踩踏事故的发生。

第五，老师迅速报警，并协助警方调查。

第六，组织自救互救，等待救援队伍。

反恐防暴如图1-5所示。

图 1-4　佩戴防毒面具标识

图 1-5　反恐防暴

单元三　防范邪教侵害

一、邪教的定义

邪教是阻碍人类社会发展的一大毒瘤，是危害当代中职生的一大公害。它是一个长期存在的社会问题，是一种具有危害性、对抗性的破坏力量，如今，邪教和一切破坏行为已经严重影响国家和社会的安全和当代中职生的成长。尤其在近些年，邪教加强了对中职生的渗透。因此，面对新形势，必须引导中职生认知邪教的本质及危害，精准地识辨邪教，提高防范意识，从而抵制思想侵略，远离邪教。

关于"邪教"这一概念的认定，目前国际上还没有一个统一的标准。我国对邪教进行的立法界定是国内许多学者所引用的主流观点：邪教组织，是指冒用宗教、气功或者其他名义建立，神化首要分子，利用制造、散布迷信邪说等手段，蛊惑、蒙骗他人，发展、控制成员，危害社会的非法组织。总之，尽管国内外对邪教概念的界定存在差异，但是也存在共同的聚焦点，即邪教是一种教义和实践具有社会危害性的组织。

二、防范邪教侵害

学校是传播科学文化知识的殿堂，担负着为国家培养社会主义现代化建设者的艰巨任务。中职生应当牢牢掌握辩证唯物主义和历史唯物主义，反对唯心主义，反对封建迷信；应当努力学习科学知识、科学思想、科学方法和科学精神，正确地分析问题、解决问题，正确地认识世界、改造世界。

（一）要学习科学文化知识，树立正确的理想信念

理论是实践的指南，思想是行动的先导。青年时期是人的世界观、人生观、价值观的形成期，青年人乐于接受新的事物，善于接纳新观点，喜欢猎奇，可塑性强。要成为未来的建设人才，就离不开科学理论和先进思想的指引，只有用科学理论和先进思想武装起来的青年，才能担负起建设国家的重任。

第一，树立远大的理想和正确的世界观、人生观和价值观。成大业者必先立大志。每一位有志的青年，无论身在何处，无论在什么岗位，都应当心系祖国和人民，把个人的抱负同全民族的共同理想统一起来，这样才能获得强大的前进动力，才能在建设祖国和服务人民中实现自己最大的人生价值。

第二，坚定社会主义事业信念。改革开放40多年来，中华大地发生的巨大变化证明，建设中国特色的社会主义是我国走向繁荣富强的正确道路。在振兴中华的征途上，广大青年只有坚定走中国特色社会主义道路的信念，才能保持正确的人生航向。

第三，学习掌握先进的知识和科学的思想。先进的知识和科学的思想对人的素质的影响、对一个国家生存和发展的影响越来越重要。迷信与科学是对立的，青年要不断学习新知识，掌握科学方法，树立科学观念，养成科学的思维方式，逐步把自己培养成对社会有用的人。

（二）要崇尚科学，珍爱生命，反对邪教

第一，破除迷信，相信科学。首先要相信科学，坚持以科学的态度对待一切。生病了要及时到医院就诊，千万不要盲目信奉迷信的做法，以免耽误了治疗时机。其次要保持良好健康的心态，正确对待人生的坎坷，遇到不顺心的事，要找家长、老师或朋友倾诉，寻求帮助，千万不能为寻找精神寄托而误入迷信的圈套和邪教的泥潭。

第二，关爱家庭，珍爱生命。生命对于每一个人都非常重要，珍爱生命、保护生命是文明社会的共识，而邪教却通过欺骗、引诱、胁迫等手段，把人们的生命掌握在他们的"精神控制"之中。一些相信邪教的人在"世界末日""升天"等歪理邪说的蛊惑下，放弃生命，走向极端，充当了邪教的"殉葬品"，我们要充分认清邪教泯灭人性、残害生命的邪恶本质，认清邪教对人们自身、家庭及社会的严重危害。

第三，崇尚文明，反对邪教。中职生要培养科学健康的生活方式，不断增强免疫能力，认

清邪教反人类、反社会、反科学的本质，认清其对社会和青年的危害，大力倡导科学精神，弘扬精神文明，积极参与科学文明、健康向上的校园文化活动，用科学理论和知识武装头脑，做遵纪守法、崇尚科学、反对邪教的新时代中职生。崇尚文明如图1-6所示。

图1-6　崇尚文明

（三）要加强反邪教知识的学习，切实提高辨别和抵制邪教的能力

邪教活动都是违法的，中职生需要在纷繁复杂的社会生活中正确识别真伪、认清对错，自觉抵制邪教。

第一，不听、不信、不传。不听邪教的宣传，不信邪教的谬论，更不要去传播邪教。如果自己的亲属、朋友或邻里有人信了邪教，要关心帮助他们，提醒他们不要上当。对不怀好意的邪教人员的拉拢，要提高警惕，防止上当受骗。收到邪教宣传信件，及时上交到社区、学校或单位，电子邮箱中收到这类信件时，要及时删除，不要相互传看不健康的内容。

第二，检举、揭发邪教的违法活动。发现邪教在骗人、非法聚会、进行破坏活动时，要及时向学校或公安机关报告。如果自己的亲人参与邪教聚会、串联等违法活动，要及时劝阻。

第三，积极宣传，主动参与反邪教活动。积极参与反邪教警示教育活动，不仅要自己主动接受教育，还要动员和帮助亲友接受教育，要用学到的反邪教知识，帮助亲属戳穿邪教骗人的"鬼把戏"，对迷上邪教的亲朋好友，要尽力劝说，并积极帮助他们早日脱离邪教。

小知识

国家安全教育日

全民国家安全教育日(National Security Education Day)是为了增强全民国家安全意识，维护国家安全而设立的节日。2015年7月1日，全国人大常委会通过的《中华人民共和国国家安全法》第十四条规定，每年4月15日为全民国家安全教育日。

2022年4月15日是第七个全民国家安全教育日，主题是"树牢总体国家安全观，感悟新时代国家安全成就，为迎接党的二十大胜利召开营造良好氛围"。

课后测试

1.谈谈你对宗教的看法。

2.什么是邪教？如何抵制邪教？

3.谈谈你对国家安全的认识。

4.如何维护国家安全？

模块二 校园安全

学习目标

1. 掌握预防校园踩踏的相关知识
2. 学习避免校园欺凌的方法
3. 了解运动伤害的相关知识
4. 掌握食物中毒的预防知识
5. 明确校园盗窃知识

导语

安全是人类共同的向往，安全是快乐生活的根本。

——佚名

案例引入

某中职学校新生小王到学校报到，整个宿舍区一片混乱，新生、老生、家长等各类人员都有。班级临时通知集合，小王心想一会儿就能回来了，于是匆忙整理好床铺，并顺手将装有近5 000元生活费和学费的钱包塞在了被子里面，然后最后一个离开了房间。半个小时后，当她回来时，钱包已经没了踪影。小王又急又气，老师查询无果，无奈之下，只好报警求助。警察虽然进行了调查、做了笔录等，但是未能破案。

案件中，小王的钱包被盗主要存在以下几个问题：

（1）**大量现金不存银行。** 案例中的小王在开学入校时，带了很多的学费、生活费，却没有存进银行，也没有锁进柜子进行妥善保管，为盗贼提供了可乘之机。

（2）**没有安全防范意识。** 小王是中职学校的新生，对学校情况不了解，加上缺乏生活经验，以为现金放在宿舍就安全了，于是短暂离开，丝毫没有安全警惕意识。

安全警示：

大量现金存银行，贵重物品保管好；离开宿舍，随手锁门窗。

单元一　预防校园踩踏

一、踩踏事故概念

踩踏事故，是指在聚众集会中，特别是在整个队伍产生拥挤移动时，有人意外跌倒后，后面不明真相的人产生惊慌、加剧的拥挤和新的跌倒人数，并恶性循环的群体伤害的意外事件。

造成踩踏事故的主要原因有以下4个：

（1）人群较为集中时，前面有人摔倒，后面的人未留意，没有止步。

（2）人群受到惊吓产生恐慌，如听到爆炸声、枪声，出现惊慌失措的失控局面，在无组织、无目的的逃生中，相互拥挤踩踏。

（3）人群因过于激动（兴奋、愤怒等）而出现骚乱，易发生踩踏。

（4）因好奇心驱使，专门找人多拥挤处去探明究竟，造成不必要的人员集中而发生踩踏。学校人群密集，容易发生拥堵，要特别注意踩踏事故的发生。

人体麦克风法自救方法如下：

（1）迅速与周围人群简单沟通，让他们意识到有发生踩踏的危险，要他们迅速与你协同行动，采用人体麦克风法进行自救。

（2）一起有节奏地呼喊"后退"（或"Go Back"）——你先喊"一、二"（或One、Two），然后和周围人一起大声喊"后退"（或"Go Back"），如此有节奏地反复呼喊。

（3）让更外围的人加入呼喊——在核心圈形成一个稳定的呼喊节奏之后，呼喊者要示意身边的人一起加入呼喊，以此把呼喊声一直传递到拥挤人群的最外围。

（4）最外围的人迅速撤离疏散——如果你是身处拥挤人群最外围的人，当你听到人群中传出有节奏的呼喊声（"后退"）时，你应该意识到这是一个发生踩踏事故的警示信号。此时你要立即向外撤离，并尽量让你周围的人也向外撤离，同时尽量劝阻其他人进入人群。

（5）绝对不要前冲寻人，先要做对于亲人平安最有意义的事情——让更多的人尽快后撤疏散。

二、踩踏事故的预防

踩踏事故是发生在学校的重大恶性事故，常造成群死群伤。发生踩踏事故的原因主要是学校管理存在这样或那样的问题，只要学校加强管理，此类事故完全是可以避免的。

（一）明确责任

学校应明确责任，在拥挤踩踏事件的高发时段与地点加强值班，并将责任落实到人。

（二）加强学生教育

在加强管理的同时要结合实例对学生进行相关教育，特别是要加强对个别学生的教育，使学生认识到拥挤踩踏事故造成的后果及其对自身的危害，树立防范意识。认真对待安全课，学习安全知识，了解踩踏事故的发生原因和危害性，以减少踩踏事故的发生。举止文明，人多的时候不拥挤、不起哄、不制造紧张或恐慌气氛。遇到拥挤起哄行为要敢于劝阻和制止。

（三）及时发现问题

发现学生行为具有危险性时，应当及时告诫、制止，并及时与学生的监护人沟通。

（四）标识清晰

可在楼梯台阶上画中间标志线与行进方向指示标志，在墙壁上的显著位置悬挂提示牌，培养学生按规则上下楼的意识，并逐渐形成靠右侧行走或站立的习惯。安全楼梯标识如图2-1所示。

图 2-1　安全楼梯标识

（五）解除安全隐患

加强相关设施的维护，对存在安全隐患的设施进行改造，防止因基础设施达不到要求而造成拥挤踩踏事故。

（六）养成良好习惯，遵守公共秩序

文明礼让，不争抢楼梯和厕所等狭小空间。上下楼梯靠右行，不在狭小空间追逐打闹，在人比较密集的场所遵守秩序，不争道抢行，避免踩踏事故的发生。

（七）掌握防护技能，减少自身伤害

掌握在不同场合发生踩踏事故的自我防护措施，踩踏事故发生时，切莫慌张，一定要冷静

应对，保护好自己，并有序撤退。

三、防止拥挤踩踏的具体措施

（1）下课时学生按顺序上下楼。

（2）下楼时靠右侧行走，不允许跑动。

（3）上下楼的过程中，禁止追逐打闹。

（4）晚上快下课时，楼梯口可安排老师值班，以控制人员数量与下楼速度。

（5）学校有关部门要等学生全部走出教学楼后再进行整队或快速集合。

（6）可进行快速下楼的演练，以便发生紧急情况时快速疏散。

（7）对个别学生加强教育，防止起哄或人为造成的拥挤现象发生。

（8）对楼道内灯具、扶手及相关设施加强维护，保持其处于完好状态。

（9）对存在安全隐患的设施加强维护，防止护栏或扶手折断造成拥挤踩踏事故。

现场救助是在紧急情况下采取的临时救助措施，发生伤害事故后，最好的方式还是尽快将伤者送到医院进行救治。

四、校外踩踏事故的预防方法

踩踏事故一般是在某个活动过程中，因聚集在某处的人群过度拥挤，造成无法及时制止的混乱而引起的。一旦发生踩踏事故，后果往往很严重。那么，如何预防踩踏事故呢？

（1）服从活动现场管理。在大型集体活动中，举办方都要安排专业人员协调现场的秩序，参与人员要服从安排，避免引起混乱。

（2）举止文明，人多拥挤的时候不推搡、不起哄、不制造紧张或恐慌气氛。发现不文明的行为要敢于劝说和制止。

（3）远离危险区域，尽量避免到拥挤的人群中；不得已时，尽量走在人流的边缘。

（4）陷入拥挤的人流时，一定要先站稳，身体不要倾斜，即使鞋子被踩掉，也不要贸然弯腰提鞋或系鞋带。如果有可能，要尽快抓住坚固可靠的东西慢慢走动或停住。

单元二　预防校园盗窃

一、校内盗窃常见的作案手段

校园内的盗窃，有以下几种手段：

（1）**溜门盗窃**。这是校内发生盗窃案件的最常见手段，通过推门进入的方式，趁学生不注意或不在宿舍的时段进行盗窃。该种手段持续时间短，盗窃迅速，留下证据少，一般只针对摆放在近门处或桌上、床上的物品。

（2）"顺手牵羊"盗窃。该盗窃手段是针对学生放在教室里、公共场所、未关门宿舍的财物；或者将学生放在运动场边、食堂的书包伺机"拎走"。盗窃人员一般以单个作案为主。

（3）"钓鱼"。"钓鱼"是指作案分子趁失主未关窗之机，直接从窗口盗走物品或用木棍、铁杆等细长工具挑出、勾出物品。此类案件经常发生在一楼的学生宿舍，且夏天居多。

（4）翻墙入室盗窃。目前，新建的学生宿舍大多有架空层，住在一楼的学生，如果窗户不关，窃贼易翻墙入室实施盗窃，且可能发生多个宿舍同时被盗的现象。2021年5月，某中职学校学生宿舍二楼共有6个房间发生失窃，案值达5 000余元。

（5）扒窃。这种作案方式主要发生在人员聚集的食堂、运动场等场所。窃贼趁学生在打饭拥挤或运动时从他们上身口袋中实施盗窃，主要以校外人员为主，并且特征比较明显。另外，学校周边的公共场所（如饭店、网吧、KTV等）、公交车站也是扒手经常出入的地方。

二、校园盗窃的预防

校园内屡屡发生失窃案件，究其原因，不外乎以下几个方面：

（1）部分学生思想过于麻痹，缺乏安全防范意识。在平时生活中，人走门不关、物品随手乱放等现象屡见不鲜，可见部分学生的防范意识不够强。

（2）部分学生自修、课外活动喜欢带贵重物品，又往往疏于对自己物品的管理，给不法分子行窃提供了便利。

（3）部分学生心理失衡。从校内发生的盗窃案来看，部分是在校学生所为，虽然原因是多方面的，但有些实施盗窃的学生往往是看到别人生活条件优越，就产生妒忌心理，以盗窃财物来发泄。被抓住的窃贼如图2-2所示。

图2-2　被抓住的窃贼

（一）学生宿舍防盗措施

学生宿舍一旦失窃，就会影响到正常的学习和生活，因而做好宿舍的防盗工作尤其重要。具体而言应做好以下几点：

（1）在宿舍内尽量少放现金，平时身边只需留有少量零用钱，数额较大的现金务必存入银行卡内，并预设密码，以防失窃。宿舍现金被盗如图2-3所示。

（2）电脑、手机、钱包等物品，切记妥善保管。在宿舍内不要随手将物品放在桌上、床上等显眼处，应放入

图2-3　宿舍现金被盗

抽屉或箱子内并上锁，以免被人顺手牵羊。

（3）最后离开宿舍的学生，务必要锁好门，关好窗；装有三保险锁的，要上好保险；晚上临睡前务必锁好门，即使在夏天也要如此，不要为了给不带钥匙的同学留门而不锁门睡觉。

（4）住一楼的学生还应该特别注意关好窗，注意衣物和贵重物品远离窗口放置，以免被他人从窗口"钓"走。

（5）保管好自己的钥匙，并随身携带，不要随意放在桌上、床上，以免给他人偷配的机会；不要将钥匙转借给外来人员或交他人保管；如果不慎丢失钥匙，要尽快向宿舍管理部门反映并及时更换门锁，以免被他人用拾到的钥匙开门入室盗窃。

（6）宿舍门锁、窗户及铁栅栏损坏的，或宿舍门与门框之间留有较大缝隙的，应及时向宿舍管理部门反映，以便及时修复或者加装一块防插片装置。

（7）宿舍内千万不要留宿外来人员。有的学生违反宿舍管理规定，将久未碰面的小学、中学同学或老乡等，擅自留宿在宿舍，有的还交给其钥匙，让其留宿，从而给宿舍安全带来隐患。

（8）警惕外来人员推销产品。推销的产品不仅质量不能保证，而且有可能被其顺手牵羊，偷走钱物。

（9）节假日离校，不要将贵重物品留在宿舍，应随身带走，以免发生被盗等意外情况。

关好宿舍门如图2-4所示。

图2-4　关好宿舍门

（10）对形迹可疑的陌生人，如在宿舍楼里四处走动、窥探张望者，要主动多问问，使盗窃分子心生畏惧，无机可乘。必要时，可告知值班老师或保卫人员，若发生紧急情况，可向附近的同学求助或大声呼喊求得帮助。

（二）校园公共场所防盗措施

（1）勿露财物。外出前应随身携带零钞备用。

（2）看管好自己的贵重物品，在图书馆、教室、食堂不用书包占座。

（3）当身边反复出现一个或几个陌生人时，应提高警惕，看紧自己的随身物品。

（4）人多拥挤时尤其要注意看护好自己的手机、钱包等贵重物品。

（5）在食堂排队打饭时，不要将手机、钱包等放在裤子后兜里。此外，应将随身背包或挎包移到身前。

（6）在教室或图书馆学习时，如果需要去厕所或外出接打电话，应拿着自己的贵重物品，或注意看管，以防外出归来贵重物品丢失。

（7）在操场上运动时，最好把手机和钱包集中放在一起，找专人看管，或将手机和钱包放在宿舍。

（三）银行卡防盗注意事项

（1）在人群拥挤的取款机上取钱或POS机上消费时，要用身体或手挡住他人视线，谨防密码被窥视，如图2-5所示。

（2）在ATM机上操作时，对过于靠近机器的人，可礼貌地提醒其站在1米线外。

（3）在ATM机上操作之前，请留意机身是否异常及周围是否有可疑附加物，如卡口有附加物、张贴的可疑告示、微型摄像头等。一旦发现，请马上不动声色地拨打110报警。

（4）切记将银行卡、密码和身份证三者分开存放。这样即使丢失或被窃走银行卡，只要密码事先未泄露，窃贼也就无法取走卡内存款；如果卡和身份证放在一起，失窃后因无有效证件，将不能及时挂失，令自己的存款威胁不能及时消除。所以切记将三者分开存放。

图2-5　防止密码被偷看

注意密码的保密。具体而言，应做到：

①要将记有密码的函件或纸条放在旁人不易发现、不易找到的隐蔽处，不要随手乱放在桌上或不上锁的抽屉内，及时修改初始密码，并销毁密码纸。

②在银行或ATM机上取款时，应单独进行，以免将自己的密码泄露给他人；俗话说，防人之心不可无，即使是最好的朋友，也不要外泄。

（5）身份证与银行卡应分开放置，以防同时丢失后给他人盗取提供便利。一旦丢失，请马上与发卡行联系挂失，如图2-6所示。

图2-6　及时拨打电话

（6）如果银行卡被吞吃，要马上与银行联系处理。如果发现人为迹象，请立即报警。

（7）密码如果有可能已泄露的，应立即去修改，并注意新密码的保密，以确保存款安全。

（8）在ATM机或POS机上操作完毕后，千万不要忘记收取银行卡。请勿随意丢弃交易流水单。

（9）平时应经常查询卡内余额，这样可以及时发现失窃。一旦发现信用卡失窃，应及时通过电话银行及书面挂失；发现存款已被窃走的，应立即向学校保卫部门或公安机关报案。

（10）常用的银行卡尽量开通短信提示。

（四）防止拎包案件发生

防止拎包案件的发生，最主要的是做到"包不离身"，妥善保管好自己的包。具体而言，应做到以下几点：

（1）上课、自修时，书包要随身携带，且包内不存放贵重物品。

（2）在食堂就餐时，切忌"以包占位"，以免被人顺手牵羊。

（3）在体育场（馆）运动时，尽量不要带包，如确需带包，要做到包摆放的位置在自己的视线内，或委托熟悉可靠的同学代为保管。

（4）在图书馆借书、看书时，应该将包放在有管理员看管的存包处。

（五）防止扒窃

（1）外出乘车或购物时，要有防扒意识，保管好自己的随身物品。

（2）在乘公交车上下车时，应将随身携带的包置于胸前，注意衣服口袋和腰间手机，注意身旁的陌生人，尤其是有意靠近你的人，如果他们手中有报纸或衣服之类的，就要特别留意，许多扒手常用衣服、报纸等作掩护而进行扒窃。

（3）在逛街过程中，应注意你身后的人，防止扒手靠近，因为人在走动时，对带在身边物品的敏感度下降，扒手可以轻易打开你背着的包，而你却没有感觉。

（4）在人多杂乱的地方，尽量不要清点财物和现金，以免被盗贼盯上；同时，也不要因为不放心而经常摸放钱的口袋或背包，以免引起扒手的注意。

（5）乘车前准备好公交卡或零钱，并检查手提包拉链是否拉好，系好衣扣，不给扒手作案的机会。

（6）上下车时，要注意清点自己随身携带的物品，以免因匆忙上下车而丢失物品。

（7）在秩序相对混乱拥挤的环境中应格外注意身边的人。有的犯罪团伙甚至会设计情节在公共场合表演，以吸引人们的注意力，然后伺机作案。例如，有的团伙成员在公交车站假装争吵，甚至大打出手，吸引人们的注意力，团伙其他成员则借机实施盗窃。

（六）防止自行车被盗

随着校内自行车的增多，自行车失窃已成为校园治安的一大难题，而且有逐年上升的趋势。为了有效地防止自行车失窃，应做到以下几点：

（1）买新车时要索取发票，以便今后使用时查验和核对。

（2）校内停放自行车时需及时上锁。另外，要注意购买质量可靠的车锁。

（3）骑车外出时，应将车存放在有人看管的存车处；若无存车处，也应将自行车停在有行人来往的明处，不要停在偏僻处。

（4）自行车失窃必须及时报案。一些车主的自行车失窃后，不及时到学校保卫部门或公安机关报案，而且有很大一部分车主甚至不报案，这给公安机关查处该类案件带来很大麻烦，使窃车贼长期逍遥法外，继续疯狂作案。

单元三　预防校园欺凌

一、欺凌与校园欺凌的含义

校园应是最阳光、最安全的地方。校园欺凌的频发，不仅伤害未成年人身心健康，也冲击社会道德底线。学校要会同相关方面多措并举，特别是要完善法律法规，加强对学生的法治教育，坚决遏制漠视人的尊严与生命的行为。校园欺凌问题，不仅引起了教育部门和学校的高度重视，也引起了社会的广泛关注。将责任、法治等纳入各级学校教育的价值导向，树立是非对错一目了然、犯错就要付出代价、"红线"绝对不能触碰的校园观念，已经到了刻不容缓的地步。

欺凌是一种不对等行为，只有攻击者在身体上、权力上或社会地位上强于受害者时，所进行的攻击行为才能被视为欺凌。欺凌可分为直接欺凌和间接欺凌。直接欺凌是指欺凌者直接实施于受欺凌者；间接欺凌是指通过各种中介来达到欺凌目的。如背后说他人闲话、制造谣言、合伙孤立他人、故意影响他人学习、排斥他人等。

校园欺凌（School Bullying）一直以来没有一个规范、统一、标准的定义，业内人士普遍认为校园欺凌通常是指发生在学生之间，蓄意或恶意通过肢体、语言及网络等手段，反复实施欺负、侮辱造成他人身心受到伤害的行为。国务院教育督导委员会办公室印发的《关于开展校园欺凌专项治理的通知》中提出："校园欺凌是发生在学生之间，蓄意或恶意通过肢体、语言及网络等手段，实施欺负、侮辱造成伤害的行为。"这可以被视作我们国家当前对校园欺凌最新、最权威的界定。校园欺凌既可以是一对一的，也可以是聚众行为（Mobbing），即一群人对几个人或一群人对一个人的霸凌。

校园欺凌的构成要素，国内外有不同的看法。

国外一般认为校园欺凌具备三个要素：一是倚强凌弱，双方在力量上存在差异；二是有重复性，也就是反复实施；三是造成伤害后果。

我国一般认为校园欺凌具备五个要素：一是学生之间发生的行为；二是主观上存在故意，即蓄意或恶意欺负其他学生；三是倚强凌弱，双方在力量上存在差异；四是具有反复性，即多次发生；五是造成伤害后果。校园霸凌如图 2-7 所示。

图 2-7　校园霸凌

二、校园欺凌与校园暴力的预防

（一）家长如何预防孩子遭受欺凌

第一，要建立良好的亲子关系，让孩子觉得家长是孩子的依靠，孩子不论犯错误还是被欺负都勇于和家长沟通。要对孩子进行既不欺负他人，也不被他人欺负的预防教育。

第二，家长要经常观察孩子的身体有无异样，特别是有没有伤痕，性格有无变化，发现异样，一定要问清楚。住校的孩子在回家后，家长一定要尽可能多陪伴，细观察，发现问题及时了解并与老师沟通。

第三，家长要保持与学校老师的联系，可以每月给班主任或辅导员打个电话，主动了解孩子在学校的情况。

第四，家长要培养孩子的责任心，要为自己的行为负责；看管好孩子，远离暴力游戏、暴力动画片和电视剧；给孩子更多关爱，注意沟通交流，避免孩子产生自卑、孤僻性格；教育孩子讲究方式方法，不要发生打骂等极端行为；不溺爱，适当对孩子进行挫折教育，培养孩子坚强的品格。

第五，教育孩子要搞好人际关系，慎重择友。家长和老师鼓励学生多交品德好的朋友，多交"益友"，不交"损友"。一个有广泛、良好人际关系的学生，不容易成为被勒索、敲诈和殴打的对象。

（二）学生如何预防校园欺凌

第一，穿戴和学习、生活用品要低调，不要过于招摇。不要大手大脚花钱，甚至故意显富。

第二，要和同学搞好关系，学会处理人际关系。做事低调大度，不斤斤计较，团结友爱。

第三，遇到和同学发生矛盾冲突时，不要自行解决，要找老师帮助解决。

第四，上学、放学和活动时尽可能结伴而行；独自出去找同学玩时不要走僻静、人少的地方；不要天黑再回家或回学校；回家不要在路上贪玩，要按时回家。

第五，加强体育锻炼，增强体质。有机会可以参加自卫训练。

第六，受到校园欺凌与校园暴力后，一定不要被"报告老师或报案会受到报复"这类威胁的语言吓倒，要立即告诉老师和家长，否则，以后会助纣为虐，使暴力升级。也不要在被欺负后，以暴制暴。

第七，经常和家长、老师反映自己的交友情况，求得老师的帮助和指点。

第八，在家要看好自家门；在宿舍要随时关好宿舍门，特别是一个人在宿舍的时候，要将门插上。在公寓不串宿舍，不接纳非本宿舍人员在自己宿舍逗留。自己的财物要妥善保管。

第九，不结交陌生网友，不观看有关暴力的视频、网页、书籍等。不在网上发表低俗言论或散布他人隐私等。

单元四　预防运动伤害

学生在参加体育运动时受伤是常见的现象，猝死现象也偶有发生。学生在受伤后采取有效的措施进行救助与治疗，可减轻对学生造成的伤害。

一、产生运动伤害的原因

（一）学生因素

第一，安全意识淡薄，思想麻痹大意。它是所有运动损伤因素中最主要的因素。其中包括运动前不检查器械、运动前准备活动不充分、预防措施不得力、好胜好奇，常在盲目和冒失行动中受伤。

第二，心理因素不稳定。运动情绪低下，或在畏难、恐惧、害羞、犹豫以及过分紧张时容易发生伤害事故。有时因缺乏运动经验、缺乏自我保护能力而致伤。

第三，缺乏体育运动基本常识和自救措施。

第四，技术动作不合理，内容组合不科学。

第五，组织纪律观念较差。不能完全按照体育老师和管理人员的要求进行练习和比赛。

（二）老师因素

第一，老师责任心不强。不能实施合理的保护和帮助措施，不能认真检查和排除事故隐患。

第二，组织教学不当。不能根据体育教学规律及学生的身心特点去组织教学，而只是严格按照大纲内容、教学步骤进行，或不能根据学生的实际情况或气候特点，做好充分的准备工作。

（三）学校因素

第一，学校体育场地设施不安全。体育场地设施、器材的维修不及时；保护措施不当，对体育设施安全性不重视，学生破坏严重；管理责任模糊，管理人员专业素质不高。

第二，卫生保健制度不健全。有些学校卫生保健制度不健全，没有对学生进行相应的体格检查或检查不认真。

第三，安全教育没有落到实处。根据对学校安全教育情况的调查发现，有21.8%的学生没有进行过安全教育，只有9.7%的学生经常接受安全教育。

（四）其他因素

空气污浊、噪声、光线暗淡、气温过高或过低，以及运动服装不符合要求等原因，都可直接或间接造成伤害事故。

学生安全体育运动的建议如下：

（1）**加强思想品德教育，增强防范意识。**学生好胜心强，经验不足，思想上麻痹大意，缺乏预防事故的意识，老师要教育学生树立"宁失一球，勿伤一人"的思想。

（2）**完善活动设施的建设和管理。**运动场地要保持平整，不应有坑洼、石块、杂物等，地面不宜太硬、打滑；球架、球门要定期检修；室内球场注意通风、采光。

（3）**教学和训练、竞赛活动必须精心设计、严密组织、严格要求。**

（4）**建立良好教学秩序，重视课前准备。**教师、学生着装规范，必须穿着运动服装、运动鞋上课。

（5）**精密组织教学，加强纪律教育。**体育老师必须经常反复地向学生进行遵守纪律、遵守常规、服从组织、遵守游戏规则等方面的教育。

（6）**培养学生自我保护、相互保护的意识。**

（7）**体育老师应掌握特异体质的学生情况，掌握合理的运动量，注意区别对待。**在运动过程中，老师要随时注意学生的生理反应，进行合理调整。老师对病痛、体弱、伤残的学生要及时关心，安排他们免修、见习等。

（8）**重视准备活动，加强医务监督。**老师应根据上课内容和气候情况决定准备活动的内容，严禁不做准备活动就直接进入体育活动，准备活动要充分、有针对性。

（9）**加强保护措施。**严格裁判，禁止粗野动作，不使用错误的推、拉、撞等危险动作。加强组织领导，建立健全规章制度。

二、预防运动伤害

（一）衣着安全

体育运动大多是全身性运动，活动量大，还要运用很多体育器械，如跳箱、单双杠、铅球等。所以为了安全，体育锻炼时对衣着有一定的要求。

（1）衣服上不可佩戴胸针、校徽、证章等。

（2）上衣、裤子口袋里不要装钥匙、小刀等坚硬、尖锐锋利的物品。

（3）不要佩戴各种金属或玻璃制的装饰物。

（4）头上不要戴发卡。

（5）患有近视的同学，尽量不要戴眼镜；如果必须戴眼镜，做运动时一定要小心谨慎。如做垫上运动时，必须摘下眼镜。

（6）不要穿塑料底的鞋或皮鞋，应当穿球鞋或胶底布鞋。

（7）衣服要宽松合体，最好不穿多纽扣、多拉锁或有金属饰物的服装。有条件的应该穿着运动服。

（二）体育运动的项目安全

体育运动可以锻炼身体、增强胆识，培养学生的耐力和毅力。但是如果在体育运动中不注意保护自己，忽视事故预防工作，就容易出现运动伤害，如擦伤、拉伤、扭伤、骨折、溺水、脑震荡等，严重的还会造成终身残疾或死亡。

体育课活动安全。体育课是锻炼身体、增强体质的重要课程。在体育课上活动和训练时，要按有关规定和要求去做，合理利用体育器械，活动中要注意观察和相互保护。体育课上，学生因身体等原因不适于参加的活动项目，要事先告诉老师。体育课上的训练内容是多种多样的，因此安全事项也因训练的内容、使用的器械不同而有所区别。

（1）**跑步**：短跑等项目要按照规定的跑道进行，不能串跑道。这不仅是竞赛的要求，也是安全的保障。特别是快到终点要冲刺时，更要遵守规则，因为这时人身体的冲力很大，人的精力又集中在竞技之中，思想毫无戒备，一旦相互绊倒，就可能严重受伤。

（2）**跳远**：跳远时，必须严格按老师的指导进行助跑、起跳。起跳前前脚要踏中木制的起跳板，起跳后要落入沙坑中。跳远动作如图2-8所示。这不仅是跳远训练的技术要领，也是保护身体安全的必要措施。

图2-8　跳远动作

（3）**投掷**：在进行投掷训练时，如投铅球、铁饼、标枪等，一定要按老师的口令进行，令行禁止的，不能有丝毫的马虎。这些体育器材有的坚硬沉重，有的前端装有尖利的金属头，如果擅自行事，就有可能击中他人或者自己被击中，造成受伤，甚至带来生命危险。

（4）**单、双杠**：在进行单、双杠和跳高训练时，器械下面必须准备好厚度符合要求的垫子，如果直接跳到坚硬的地面上，会伤及腿部关节或后脑。做单、双杠动作时，要采取各种有效的方法，使双手握杠时不打滑，避免从杠上摔下来，使身体受伤。

（5）**跨越**：在做跳马、跳箱等跨越训练时，器械前要有跳板，器械后要有保护垫，同时要有老师和同学在器械旁站立保护。

（6）**前后滚翻、俯卧撑、仰卧起坐等垫上运动的项目**：做动作时要严肃认真，不能打闹，以免发生扭伤。

（7）**球类**：参加篮球、足球等项目的锻炼时，要学会保护自己，不要在争抢中用蛮力而伤及他人。在这些争抢激烈的运动中，自觉遵守竞赛规则对于安全的保证是很重要的。

（8）**游泳**：游泳是一项十分有益的活动，同时也存在着危险。要保证安全，应该做到以下几点：

① 游泳前需要经过体格检查。患有心脏病、高血压、肺结核、中耳炎、皮肤病、严重沙眼，以及各种传染病等的人不宜游泳。处在月经期的女学生也不宜去游泳。

② 要慎重选择游泳场所，不要到江河湖海去游泳。

③ 下水前要做准备活动。可以跑跑步、做做操，活动开身体，还应用少量冷水冲洗一下躯干和四肢，这样可以使身体尽快适应水温，避免出现头晕、心慌、抽筋现象。

④ 饱食或者饥饿时，剧烈运动和繁重劳动以后不要游泳。

⑤ 水下情况不明时，不要跳水。

⑥ 发现有人溺水时，不要贸然下水营救，应大声呼唤成年人前来相助。

（三）踝关节损伤的预防

第一，重视踝关节周围肌肉力量和关节协调性训练，如负重提踵、跳绳、足尖走路等练习，使踝关节周围小肌肉群，韧带得到锻炼，增强踝关节的协调、平衡和适应能力。

第二，应掌握正确的落地方法，在平时练习中要注意正确的动作要领。在平时走路过程中有意识地控制踝关节的动作。这样可用潜意识支配踝关节的活动范围。

第三，做好运动场地医学监督，培养良好的习惯，在运动前做好充分的准备活动及相应的辅助练习，减小关节韧带的黏滞性。

第四，加强自我保护意识，例如若腾空着地感到不稳，应快速地顺势缓冲，不要强行站立。

（四）膝关节损伤的预防

第一，在平时训练、比赛前，做好充分的准备活动，使膝关节运动灵活而协调，使体温上升，减小肌肉黏滞性，增加肌肉和韧带的伸展性，加大柔韧性。必要时，可佩戴护具，如护膝、绷带等。

第二，加强对膝关节功能的锻炼。提高股四头肌肌力。如，负重静蹲或蹲起练习。

第三，合理安排运动量。要避免膝关节的局部负担过重，当持久训练出现动作反应迟钝时，应终止基本部分练习，预防因动作不协调而致伤。

第四，培养学生的自我保护意识。注意提高学生的身体平衡的自我感觉和自控能力，要防止粗野动作致伤。

第五，要做好运动场地的准备和医务监督，避免因场地因素而致伤。

单元五　预防食物中毒

一、食物中毒的表现

（1）发病过程急骤，呈急性爆发过程，潜伏期短而生病集中，一般在24～48小时以内发病。当发生集体食物中毒时，有很多人在短时间内同时发病或食后相继发病。

（2）患者有共同的食物史。发病与有毒食物有明显的因果关系，病人在相近的时间内都吃过一种或几种有毒食物，发病范围局限于食用该种有毒食物的人群中；未进食这种食物的人不发病；停止食用这种有毒食物后，发病就很快停止。

（3）症状相似。所有病人的临床表现基本相似，多见于急性胃炎症状，如恶心、呕吐、腹痛、腹泻等。所以，一般胃肠道症状是食物中毒的早期症状。食物中毒如图2-9所示。

（4）不传染、无余波，没有人与人之间的直接和连锁传染。其发病曲线常于发病后呈突然急剧上升又迅速下降的趋势，无传染病所具有的拖尾余波。

以上表现，在发生集体食物中毒时比较明显，而散发性病例易被忽略，中职生们要注意。

图2-9　食物中毒

二、预防食物中毒

要预防食物中毒，应该在日常生活中注意以下问题：

（一）养成吃东西前洗手的习惯

人的双手每天接触各种各样的东西，会沾染病菌、病毒和寄生虫卵。吃东西前应认真地用肥皂（洗手液）洗净双手，这样才能减少"病从口入"的可能。

饭前洗手可以预防甲型肝炎和肠炎、霍乱以及其他肠胃疾病的传播。还有，洗手的时候一定要用肥皂（洗手液）认真清洗，不然还会有细菌停留在手上，最好用流动的水冲干净手，不然会造成二次污染。隔夜食品必须加热煮透后方可食用；养成良好的个人卫生习惯，在烹调食物和进餐前要注意洗手，接触生鱼、生肉和生禽后必须再次洗手。勤洗手如图2-10所示。

图 2-10　勤洗手

（二）生吃瓜果要洗净

瓜果蔬菜在生长过程中不仅会沾染病菌、病毒和寄生虫卵，表面还有残留的农药、杀虫剂等；如果不清洗干净，食用后不仅可能染上疾病，还可能造成农药中毒。长期吃残留农药的瓜果，农药的毒素会导致身体免疫力下降，也会加重肝脏的负担。肝脏需要不停地工作来分解这些毒素，极有可能致癌。所以，吃瓜果前一定要清洗干净。蔬菜要洗净如图2-11所示。

图 2-11　蔬菜要洗净

（三）不随便吃野菜、野果

不要采摘、捡拾、购买、加工和食用来历不明的食物、死因不明的畜禽或水产品，以及不认识的野生菌类、野菜和野果。野菜、野果的种类很多，其中有的含有对人体有害的毒素。虽然有些野菜、野果的毒素很少，但是吃多了也很容易中毒，缺乏经验的人很难辨别清楚。除了野菜、野果本身带有的毒素外，那些受空气污染的野菜、野果也很容易吸收空气中的铅，生长在废水边的野菜常含有毒素，这些都不能食用。因此，不随便吃野菜、野果，才能避免中毒，确保安全。

（四）不吃腐烂变质的食物

食物封存或者储藏不当就会变质，天气炎热的夏天这种情况出现得会更频繁。食物腐烂变质，就会味道变酸、变苦，散发出异味，这是由于细菌的大量繁殖而引起的。食物变质就会引来很多细菌，有的细菌会变成毒素，吃了这些有毒的食物会造成食物中毒。有很多食物中还含有致病、致癌的物质，给人们的健康带来很大的危害。

（五）不随意购买、食用街头小摊贩出售的劣质食品、饮料

劣质食品和饮料往往卫生质量不合格，使用的原材料也没有经过严格的检测。而且劣质食品和饮料中的防腐剂和大肠杆菌会严重超标，经常吃这种食物容易患上肠胃疾病。长期饮用劣质饮料还会对人的肝肾等重要器官造成伤害，严重的还会引起癌症。所以学生一定不要食用、饮用那些会给健康带来巨大伤害的食品和饮料。购买和食用定型包装食品时，请查看有无生产日期、保质期和生产单位，不要食用超过保质期的食品，建议不要购买散装的白酒和植物油；要做好自备水的防护，保证水质卫生安全，不要饮用未经煮沸的生活饮用水。

（六）对不熟悉的野生动物不要随意猎捕食用

海蜇等产品宜用饱和食盐水浸泡保存，食用前应冲洗干净。扁豆一定要焖熟后食用。妥善保管有毒有害物品，包括农药、杀虫剂、杀鼠剂和消毒剂等，不要存放在食品加工经营场所，避免被误食、误用。

进餐后如出现呕吐、腹痛、腹泻等食物中毒症状时，要立即组织自行救治，可用筷子或手指压迫咽部帮助催吐排出毒物。同时，应及时向当地食品药品监管部门报告，并保留所有剩余的食物、有关工具和设备，以便查明中毒原因。

小知识

失斧疑邻

从前，有个人丢了一把斧子，他怀疑是邻居家的儿子偷去了。于是，他再看到那人走路的样子，觉得像是偷斧子的；看那人脸上的神色，也像是偷斧子的；听他的言谈话语，更像是偷斧子的；一举一动、面目表情都像偷斧子的人。

不久，丢斧子的这个人在山谷中找到了斧子。第二天他再观察邻居的儿子，就觉得他一举一动、面目表情，都不像偷斧子的了。

——《列子·说符》

课后测试

1.你被盗过东西吗？应该从哪些方面培养良好的防盗习惯？

2.遇到被盗情况时该如何应对？

3.在你周边是否存在欺凌现象？如果有，主要是哪种形式的欺凌？欺凌与同学之间的冲突或恶作剧有什么区别？

4.怎样根据本校的实际情况预防体育运动受伤事故的发生？

5.查找本校有无易导致拥挤踩踏事故发生的地点与做法？根据实际情况应如何预防拥挤踩踏事故的发生？

6.怎样应对运动受伤与拥挤踩踏事故？

7.模拟练习：某职业学院护理系的308宿舍是一个文明宿舍，宿舍成员之间相互关心、体贴，关系融洽，人人成绩优秀，月月被评为学院的"文明宿舍"。没想到的是，某天中午下课回到宿舍，小王发现自己放在枕头下面的钱包不翼而飞，里面有小王刚刚从银行取出的800元生活费，以及银行卡、身份证等有效证件。小王心急如焚，不知所措。面对小王的失窃，宿舍成员之间也起了内讧，相互猜疑。

请你为小王和她的舍友们想一想办法，她们究竟应该怎么办呢？

模块三 实训实习安全

学习目标

1.掌握预防触电事故的相关知识
2.学习机械事故的预防措施
3.了解如何预防职业病
4.学会如何预防化学品伤害

导语

安全教育天天讲，事故隐患日日防。

——佚名

案例引入

某工具有限公司喷涂车间位于该公司东侧、综合楼后侧，喷涂车间需要安装涂装生产线。涂装生产线为金属结构，离车间墙约为18厘米，电线离生产线顶部约为8米，需要安装工人趴在生产线顶部才能对线路进行套管作业。

当天14时许，公司总经理卢某打电话给孔某，让其对喷涂车间东侧靠着涂装生产线的电线进行套管。15时许，孔某来到公司喷涂车间，该公司仓库保管员童某将PVC电线管送到车间后，孔某开始作业。17时许，涂装生产线安装工王某在生产线顶部拧螺钉时，听到有人在喊叫："关电！"王某回头看到离其10米左右的孔某趴在生产线顶部一动不动，于是让下面的安装工关掉电源。安装工关掉车间西侧靠近入口的设备电源，便跑到车间外面找人。此时卢某刚好从仓库出来就碰到了安装工，知道出事后立即跑到喷涂车间关闭线路电源，随后安排人拨打急救电话。公司员工茹某和卢某爬上生产线，对孔某进行心肺复苏。王某则把叉车开到喷涂车间准备施救，当把木板放在叉车上时，急救车到现场。急救医生茹某和卢某三人将孔某抬下生产线，急救车将孔某送到某市第一人民医院进行抢救。17时52分，卢某拨打报警电话报警。18时30分许，孔某因伤势过重经抢救无效死亡。

单元一　预防触电事故

随着科学技术的发展，无论是工农业生产，还是日常生活，人们对用电的需求越来越广泛。从事机械设备操作和维修的人员，必须懂得安全用电常识，避免触电事故的发生，以保证人身和机械设备的安全。

一、触电事故的预防及应对措施

（1）在所有通电的电气设备上，外壳无绝缘隔离措施时，或者当绝缘已经损坏的情况下，人体不要直接与通电设备接触，但可以用装有绝缘柄的工具去带电操作。人体不要直接与通电设备接触如图3-1所示。

图 3-1　人体不要直接与通电设备接触

（2）各种运行的电气设备，如电动机、启动器和变压器等的金属外壳，都必须采取接地或接零保护措施。必要时应装设漏电保护装置。

（3）要经常对电气设备进行检查，发现温升过高或绝缘下降时，应及时查明原因，消除故障。

（4）遇到狂风暴雨、雷电交加和大雪严寒时，发现架空电力线断落在地面上时，人员要离电线落地点8～10米，要有专人看守，并迅速组织抢修。对于低压线断落地面上，只要人体不直接触及导线，及时进行检修即可。

（5）在配电屏或启动器周围的地面上，应加铺一层干燥的木板或橡胶绝缘垫板。

（6）熔断器的熔丝不能选配过大，不能随意用其他金属导线代替。

（7）不可用木棒或竹竿等物操作高压隔离开关或跌落式熔断器。

（8）导线的截面应与负载电流相配合，否则电线会因过热而烧坏绝缘，发生火灾和其他事故。

（9）屋内线路不可使用裸线或绝缘护套破损的电线来铺设线路。

（10）发生电气故障造成漏电、短路而引起燃烧时，应立即断开电源，并用黄砂、四氯化碳或二氧化碳灭火器扑灭，切不可用水或酸碱泡沫灭火机灭火。需要使用的绝缘手套与鞋子如图3-2所示。

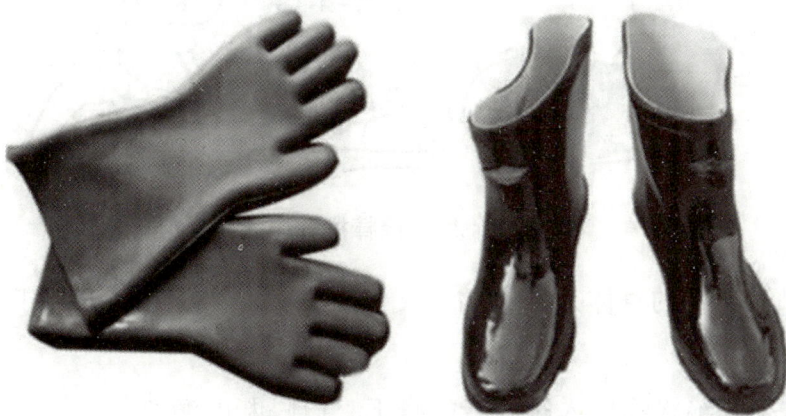

图 3-2　绝缘手套与鞋子

二、触电事故的紧急救护措施

发现有人触电，切不可惊慌失措、束手无策。应迅速准确地根据触电的具体情况，进行相应的救治。

人触电后会出现神经麻痹、呼吸中断、心脏停止跳动等症状，外表上呈现昏迷不醒的状态，但不应认为是死亡，而应当看作假死，并且迅速而持久地进行抢救。

（一）脱离电源

脱离电源就是要把触电者接触的那一部分带电设备的开关、刀闸或其他断路设备断开，或设法将触电者与带电设备脱离。因此，人触电后，可能由于痉挛或失去知觉等原因而紧抓带电体，不能自行摆脱电源。在脱离电源时，救护人员既要救人，也要注意保护自己。

（1）对于低压触电事故，可采用"拉""切""挑""拽""垫"使触电者脱离电源。

① "拉"。如果触电地点附近有电源开关或电源插销，可立即拉开开关或拨出电源插销，断开电源。

② "切"。如果触电附近没有电源开关或电源插销，可用带有绝缘柄的电工钳或有干燥木柄的斧头砍断电线，断开电源。

③ "挑"。当电线搭落在触电者身上或被压在身下时，可用干燥的衣服、手套、绳索、木板、木棒等绝缘物作为工具，挑开电线，使触电者脱离电源。用绝缘棒挑开电源如图3-3所示。

图 3-3　用绝缘棒挑开电源

④ **"拽"**。如果触电者的身体是带电的，又没有紧缠身上，可以用一只手抓住他的衣服，拉离电源。

⑤ **"垫"**。将木板等绝缘物插入触电者的身下，以隔断电源。

（2）对于高压触电事故，可采用下列方法使触电者脱离电源：

①立即通知有关部门停电。

②戴上绝缘手套，穿上绝缘靴，用相应电压等级的绝缘工具拉开开关。

③抛掷裸金属线使线路短路接地，迫使保护装置动作，断开电源。注意抛掷金属线前，先将金属线的一端可靠接地，然后抛掷另一端；注意抛掷的一端不可触及触电者和其他人，如图3-4所示。

图 3-4　施救

（二）现场急救

当触电者脱离电源后，应根据触电者的具体情况，对症救治。

1.对症救护

触电者需要救治时，大体应按以下三种情况分别处理。

（1）如果触电者伤势不重、神志清醒，但有些心慌、四肢发麻、全身无力；或者触电者在触电过程中曾一度昏迷，但已清醒过来，应使触电者安静休息，不要走动，严密观察，并请医生前来诊治或送往医院。

（2）如果触电者伤势较重，已失去知觉，但仍有心跳和呼吸，应使触电者舒适、安静地平卧；周围不围人，保证周围空气流通；解开触电者的衣服以利于呼吸；如天气冷，要注意保温；除要严密观察外，还要做好人工呼吸和胸外挤压的准备工作，并请医生诊治或送往医院，如图3-5所示。

图 3-5　进行急救

（3）如果触电者伤势严重，呼吸停止或心跳停止，或二者都已停止时，应立即施行人工呼吸和胸外心脏按压，并速请医生诊治或送往医院。

2. 现场应用的主要救护方法

现场应用的主要救护方法是人工呼吸法和胸外心脏按压法。

（1）人工呼吸法。人工呼吸法是在触电者呼吸停止后应用的急救方法。在各种人工呼吸法中，以口对口（鼻）人工呼吸法效果最好，而且简单易学，容易掌握。

施行人工呼吸法前，应迅速将触电者身上阻碍呼吸的衣领、裤带等解开，并迅速取出口腔中妨碍呼吸的食物、假牙、血块、黏液等，以免堵塞呼吸道。人工呼吸如图3-6所示。

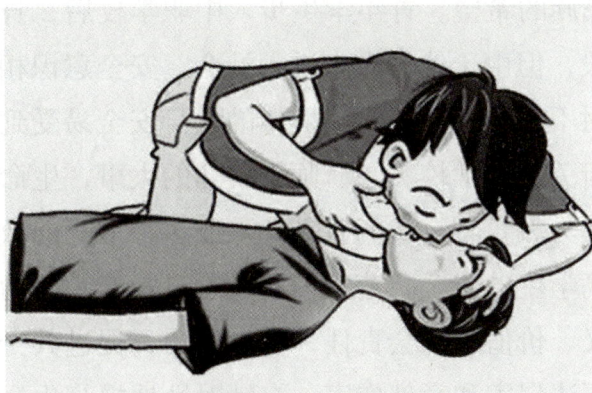

图 3-6　人工呼吸

在进行口对口（鼻）人工呼吸时，应使触电者仰卧，并使其头部后仰（最好用一只手托在触电者颈后）至鼻孔朝上，以利于呼吸畅通。口对口（鼻）人工呼吸法的主要操作步骤如下：

第一，鼻孔（或口）紧闭，救护人深吸一口气后紧贴触电者的口（或鼻）向内吹气，持续约2秒。

第二，吹气完毕，立即离开触电者的口（或鼻），并松开触电者的鼻孔（或嘴唇）让其自行呼气，持续约3秒。触电者如是儿童，只可小口吹气，以免肺泡破裂。如发现触电者胃部充气膨胀，可一面用手轻轻加压于其上腹部，一面继续吹气和换气。如果无法使触电者口张开，可改用口对鼻人工呼吸法。口对鼻人工呼吸时，要将伤员嘴唇紧闭，防止漏气。

（2）胸外心脏按压法。 胸外心脏按压法是触电者心跳停止后的急救方法。在做胸外心脏按压时，应使触电者仰卧在比较坚实的地方，姿势与口对口（鼻）人工呼吸法相同，其操作方法如下：

第一，救护人跪在触电者一侧或骑跪在其腰部两侧面，两手相迭，手掌根部放在心窝上方、胸骨下三分之一至二分之一处。

第二，掌根用力垂直向下（脊背方向）按压，压出心脏里面的血液，对成年人应压陷3～4厘米。以每秒钟按压1次、每分钟按压60次为宜。

第三，按压后掌根迅速放松，让触电者胸部自然复原，血液充满心脏。放松时掌根不必完全离开胸部。

触电者如是儿童，可以只用一只手按压，用力要轻一些，以免损害胸骨；而且每分钟宜按压100次左右。

单元二　预防化学品伤害

一、预防化学品伤害的意义

青年是祖国的未来、民族的希望。青年学生步入中职学校后，身、心、智、能各个方面都进入了迅速成长和发展阶段，但由于他们尚未进入社会，安全意识相对薄弱，自我防范知识欠缺，以致在遭遇安全问题时不知所措，个人、群体的人身安全易受到侵害，造成难以挽回的损失。学生的身心健康是政府关注、学校关心、师生关切的大事，生命财产安全是各级教育主管部门和学校的政治责任。作为教育者，我们有义务采取多种形式的教育举措，进一步推进学生的安全教育工作，不断提高学生的安全防范意识和避险自救能力，为学生的成长、成才提供保障，使学生了解生命的意义、价值和社会责任，爱惜生命，促进其身心健康，预防和治疗心理疾病，避免生命安全受到不法侵害和意外伤害，有针对性地提高生命的质量和保障自身安全的技能，提高自身素质。

化学实验和校外生产实习是中职学校化工专业重要的实践性教学环节。然而，近年来某些中职学校在校学生在实习过程中发生的一系列安全事故令人担忧，安全隐患不容忽视。

化工专业学生实训直接面对化学药品、化工企业，实习安全问题显得尤为重要。因此，化工专业的师生更应该认清行业特点，挖掘安全隐患，找出对策，切实保障实习的安全进行。

二、如何预防化学品伤害

（一）构建校内实习安全的防控体系

1. 建立完善的实验室安全管理制度

建立化学实验室专人负责制，根据条件定期对实验室管理人员进行培训，师生使用实验室须建立提前申请登记制度，有效避免实验室使用过程中责任不清。

2. 进行严格的安全技能操作岗前教育

学生进入实验室前，对其进行严格的安全知识教育，使之掌握相应的安全知识和安全操作技能，树立牢固的安全意识，增强安全责任心，学会避险操作，养成良好的安全操作习惯。

化学实验是一项技术含量较高的训练项目，进入实验室前，应加强对学生进行各种仪器和器皿的使用技能的训练，全面提高其从事化学实验的理论和技能水平，使之树立"安全操作、从严遵守"的思想，减少事故的发生。

3. 加大老师应急处理能力的培养和应急处理预案的实施

安全实习，老师的作用显得尤为重要，除了应有扎实的理论之外，更要有较强的应急事故处理能力，这一点，从目前来看相对不足。改变这种现状，一方面需要社会能够提供更多的化工实习安全培训机会；另一方面，需充分挖掘老师自身的潜力，多加强化学实验室安全管理方面的学习，提高事故应急处理能力。

认真制定好学校实验室安全防范事故应急预案。如成立应急处理小组，明确分工，定期督查各部门工作；实验员应做好日常检查工作，对于实验室药品、仪器，平时应严格按规定存放；开展事故处理救援工作的培训等。

4. 增加实习室安全防护设备的硬件投入

需加强对实验室安全保障设施的建设。学校在建设实验室的过程中，必须在实验室设计必要的安全保障设施，如实验室通风设备、灭火器和防毒面具的置备，药品的分类保存，化学废液的储存处理等。要以人为本，预防为主，打造绿色平安校园，为教学实习的可持续发展提供坚实的保障。

（二）构筑校外实习安全的防洪大坝

1. 健全机构，明确职责，加强学生校外实习的管理工作

首先，要健全组织机构，明确工作人员，组成学生校外实习工作领导小组，负责学生的校外实习工作。学生校外实习工作领导小组，要进行校企领导层面沟通，达成共识，明确校企双方职责，促进双赢。在其工作职责中应明确规定双方安全教育的职责及应采取的必要措施。同时，应进一步明确短期和长期校外实习中班主任、实习指导老师的主次关系，相互配合做好学生的教育管理工作。

2. 针对行业特点，严格做好安全培训工作

由于化工行业具有高危性，学生在进入岗位前一定要做好细致的安全培训工作。让学生从进入岗位前就开始认识到安全教育的重要性，增强其安全意识。安全培训应由校企双方共同承担。

实习前，学校应先组织安全培训，主要加强实习生对安全管理的认识与安全意识，并指定安全负责人，同时做好安全实习服务的后勤工作。

上岗前，企业必须根据自身的特点，严格做好厂级、车间、班组的"三级"安全教育，避免流于形式。

第一步，厂级安全教育以树立安全意识教育为主，结合本厂生产工艺特点，讲解一般性的安全知识和国家安全生产法规。其目的就是增强受训人员的安全意识，使受训人员养成职业安全习惯。

第二步，学生在达到厂级部门理论、实践要求后下到车间，车间教育以安全知识教育为主，结合本车间特点和生产工艺、生产任务讲解安全技术操作规程和安全事项。其目的是增强受训人员的安全责任心和使命感，使受训人员对所在基层状况有一个系统了解。

第三步，班组教育、岗位培训以安全技能教育为主。其目的是使受训人员学会事故应急处理和标准化操作的技能。

3. 企业、学校、家庭三合一，积极做好学生的心理疏导工作

中职生进入顶岗企业时普遍年龄较小，由于受知识、技能、环境、经验、阅历的限制，大部分中职生的心理素质较差，特别是人际交往、沟通能力较为薄弱。因此，应及时对中职生进行心理方面的强化疏导，以减轻他们的心理压力。

第一，建议学校安排班主任、实习老师进行跟踪管理，尽可能地和学生学习、工作、生活在一起，根据实习生的心理状况，及时给予辅导，尤其对特殊学生要重点关注。

第二，加强沟通，及时了解学生的实际困难，以丰富多彩的娱乐活动，增加实习团队的凝聚力，缓解他们的工作压力。

第三，加强对学生进行吃苦耐劳的精神教育，使其正确面对岗位，认真规范操作。

学生是化工实习安全教育的重点，通过认真全面的安全教育，使他们树立安全意识，养成良好的实习习惯有深远的意义。

单元三　预防机械事故

机械的构造不同，它所带来的危险性也不同。特种机械根据其使用场合，大体上是指以下类型的机械：特种作业使用的机械；危险性较大，必须配备特殊的安全装置才允许使用的机械；危险和有害因素较大，需要进行状态监测，以确定其运行状态是否安全的设备；属于国家劳动安全监察部门指定，其设计、制造都必须经劳动安全监察部门审查、批准以及监督的设备。机械事故如图3-7所示。

图 3-7　机械事故

2022年6月，某厂车工刘某与郭某谈起零件加工任务，抱怨自己的机床太陈旧离合器不灵便，停车位稍有偏差主轴便会反转，跟维修工说了几次也没调合适。郭某听了之后说："这有什么呀，我给你调。"刘某半信半疑。郭某一只手拿螺丝刀拨压弹簧，另一只手可调节螺帽。突然主轴飞转，将郭某两手的多指绞成粉碎性骨折。

一、机械事故的类型

《企业职工伤亡事故分类》（GB 6441—1986）综合起因物、诱导性原因、致害物、伤害方式，根据物的不安全状态导致的直接伤害后果，将危险因素分为20类。其中，与机械相关度比较高的危险有15种。在利用该标准对机械设备及其生产过程中存在的危险进行识别时，应注意危险因素的概念界定范围。

（一）物体打击

物体打击是指物体在重力或其他外力的作用下产生运动引发的打击伤亡事故，不包括机械设备、车辆、起重机械、坍塌引发的打击。

（二）车辆伤害

车辆伤害是指企业机动车辆在行驶中引起伤亡事故，如人体坠落，物体倒塌、下落、挤压等，不包括起重设备提升、牵引车辆和车辆停驶时引发的车辆伤害。

（三）机械伤害

机械伤害是指机械设备运动或静止部件直接与人体接触引起伤害，如机械零部件、工具、加工件造成的夹击、碰撞、剪切、卷入、绞、碾、割、刺等伤害，不包括车柄、起重机械引起的机械伤害。

（四）起重伤害

起重伤害是指各种起重作业（如起重、安装、拆卸、检修、试验等作业）中发生挤压、坠落、（吊具、吊重）物体打击和触电等伤害。

（五）触电

触电是指电击、电伤、雷击、静电伤害事故。

（六）灼烫

灼烫是指火焰烧伤、高温物烫伤、化学灼伤（酸、碱、盐、有机物）、物理灼伤（光、放射性物质）等，不包括电灼伤和火灾引起的烧伤。灼烫如图3-8所示。

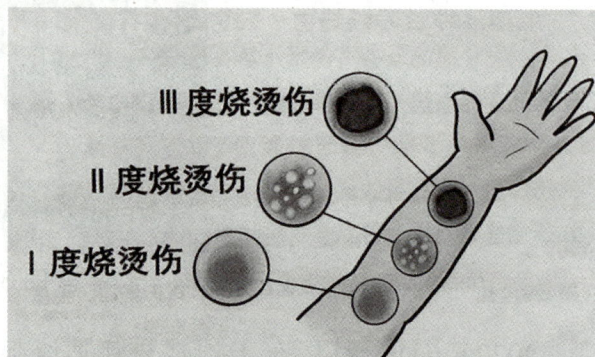

图3-8　灼烫

（七）火灾

火灾包括火灾引起的烧伤和死亡。

（八）高处坠落

高处坠落是指在高处作业发生的坠落伤亡，不包括触电坠落事故。

（九）坍塌

坍塌是指物体在外力或重力作用下，超过自身强度极限或因结构稳定性被破坏而造成的事故，如土石塌方、脚手架坍塌、堆置物倒塌等，不包括矿山冒顶、片帮和车辆、起重机械、爆破引起的事故。

（十）锅炉爆炸

锅炉爆炸是指锅炉超压引起的爆炸。

（十一）容器爆炸

容器爆炸是指容器内压超过设计压力引起的爆炸。

（十二）其他爆炸

其他爆炸是指可燃气体、粉尘等与空气混合形成爆炸混合物，接触引爆源发生的爆炸事故。

（十三）中毒和窒息

中毒和窒息包括中毒、缺氧窒息、中毒性窒息。

（十四）淹溺

淹溺包括高处坠落淹溺，不包括矿山、井下透水淹溺。

（十五）其他伤害

其他伤害是指除上述情况以外的伤害，如摔、扭、挫、擦等伤害。

二、机械事故的预防措施

（一）安全制度建设

（1）首先要贯彻好"安全为了生产，生产必须确保安全"的原则：建立专职安全机构，由专职人员负责机械安全管理工作，制定安全操作规程、安全责任制、安全考核标准和安全奖罚办法。

（2）各级机务管理部门应坚持对操作人员定期和不定期地进行安全教育，定期对操作人员进行安全技术考核。

（3）开展技术培训，提高操作人员的业务素质和操作技能。

（4）坚持"三定"制度，严禁无证操作机械或非本机械操作人员未经批准乱开机械。

（5）结合机械设备检查，定期对机械的安全操作、安全保护和安全指示装置以及施工现场、使用机械情况和操作人员安全操作情况进行检查，发现问题及时处理，把事故苗头消灭在萌芽之中，杜绝事故的发生。

（二）机械的防冻

每年在冬季来临之前，要布置和组织一次设备越冬保养工作，进行防冻教育，妥善安置越冬设备，落实越冬措施。特别是对于停置不用的机械设备，要逐台进行检查，放尽发动机内的积水，放尽机械工作部分（如水泵等）的积水，同时加盖，防止雨、雪融水渗入。并在机械外部挂上"水已放"的牌子，同时标明检查日期。

（三）机械的防洪

（1）雨季到来之前一个月，在河里、水上或低洼地带施工或停放的机械，都要进行一次全面检查，采取有效措施，防止机械被洪水冲毁。

（2）雨季开始前，对露天存放的停用机械要上盖下垫，防止雨水渗入锈蚀机械。

（四）机械的防火

（1）机械驾驶员必须严格按防火规定进行检查，提高警惕，消灭明火，发现问题及时解决。禁止用明火烘烤发动机。

（2）集中存放机械的场地内，要配备砂箱、灭火器等消防器材。禁止无关人员入内。

（3）机械、车辆的停放，必须排列整齐，场内留有足够的通道，禁止乱停乱放，以免堵塞消防通道。

（4）机械在施工现场加注燃油时要有适当的防火措施，严禁加油时吸烟及附近有明火。

（五）加设安全装置

推土机、装载机、铲运机等设备，为了保护驾驶员在发生翻车时的人身安全，可以加装防翻车棚或设置安全带等。

单元四　预防职业病

一、职业病的特点

职业病是指企业、事业单位和个体经济组织的劳动者在职业活动中，因接触粉尘、放射性物质和其他有毒、有害物质等而引起的疾病。各国对职业病的预防都有一定的规定，一般来说在法律规定范围内被指定的疾病可以称作职业病。

（1）**病因明确**。职业病一般是由于接触职业性有害因素而引起的。

（2）**发病与劳动条件密切相关**。发病与否及发病时间的早与迟，往往取决于接触职业性有害因素的时间、数量。劳动强度大、作业场所环境恶劣是导致职业病发病的根本原因。

（3）**具有群体性发病的特征**。在同一作业环境下，多是同时或先后出现一批相同的职业病患者，很少出现仅有个别人发病的情况。

（4）**具有临床特征**。同一种职业病在发病时间、临床表现、病程进展上往往具有特定的表现。

（5）**职业病的范围日趋扩大**。随着科学技术的进步和国家经济实力的提高，越来越多的职业病将被发现。

（6）已经被发现的职业病可以预防或减少。对已经发现的职业病的预防或控制，主要取决于国家和企业对职业病的预防（治疗）措施的投入力度。职业病如图3-9所示。

图3-9　职业病

二、职业病的预防措施

（一）做好在岗预防

1. 要从源头控制

厂房设施、使用原料等一定要符合职业病防治的要求。按照《中华人民共和国职业病防治法》第三十九条规定，劳动者有权了解工作场所产生或者可能产生的职业病危害因素、危害后果和应当采取的职业病防护措施。

2. 加强个人防护

了解工作中可能接触的职业病危害因素和防护知识，遵守安全操作规程。衣服、口罩、手套等要按职业病防治的要求使用。正确佩戴装备如图3-10所示。

图3-10　正确佩戴装备

3. 提高警惕

如果身体不舒服，或车间多名同工种工人出现相同症状，可以向卫生部门咨询，如有问题，马上检查治疗。

4. 发现问题要及时向劳动、卫生部门检举投诉

《中华人民共和国职业病防治法》第三十三条规定：用人单位与劳动者订立劳动合同时，应当将工作过程中可能产生的职业病危害及其后果、职业病防护措施和待遇等如实告知劳动者，并在劳动合同中写明，不得隐瞒或者欺骗。对不这样做的用人单位，劳动者应该向劳动、卫生部门举报。

《中华人民共和国职业病防治法》第三十五条规定：对从事接触职业病危害作业的劳动者，用人单位应当按照国务院卫生行政部门的规定组织上岗前、在岗期间和离岗时的职业健康检查，并将检查结果书面告知劳动者。职业健康检查费用由用人单位承担。

（二）预防职业病的主要措施

（1）推广技术革新，改革生产工艺。例如，以无毒或低毒的物质代替有毒或剧毒的物质，以低噪声设备代替高噪声设备；生产过程实现机械化、自动化，从而减少工人与有害因素接触的机会。

（2）采取通风、排毒、降噪、隔离等技术性措施减少或消除生产性有害因素。

（3）加强生产设备的管理，防止因有毒物质的"跑、冒、滴、漏"而污染环境。

（4）对新建、改建、扩建和技术改造项目，劳动安全设施必须与主体工程同时设计，同时施工，同时投入生产和使用，确保这些项目完成后有害因素的浓度或强度可以达到国家标准。

（5）制定和严格遵守安全操作规程，防止发生意外事故。

（6）加强个人防护，养成良好的卫生习惯，防止有害物质进入体内。

（7）合理安排休息制度，注意营养，增强机体对有害物质的抵抗能力。

（8）进行就业前体格检查和定期体格检查，及早发现禁忌证及职业病患者，及时进行处理。

（9）根据国家制定的一系列卫生标准，定期检查作业环境中生产性有害因素的浓度或强度，及时发现问题并解决。

小知识

如何预防尘肺

尘肺预防就是在粉尘环境中工作的人员要注意的事项，例如，采石、石料粉碎、坑道、矿工及采煤工等，也涉及电焊工，只要是在粉尘环境中作业的工人，都必须进行有效防护。戴口罩等就可防止粉尘吸入，设置降尘措施，佩戴防尘护具也是必需的。

尘肺是不可彻底治愈的疾病，进行积极、有效的预防是很重要的。预防尘肺可以采取以下措施：

◆**第一，可以戴口罩。**

戴口罩可以预防尘肺，但是需要佩戴专业的防尘口罩，普通的口罩不可以。

◆**第二，可以设置降尘措施。**

在有条件的情况下，最好是设置一定的降尘措施，例如通过喷淋、石化、通风、抽吸等措施都可有效降尘，让工作环境之中的粉尘浓度大大降低，之后再配合其他的保护性措施，就可以大大减少粉尘吸入了。

◆**第三，可以佩戴防尘护具。**

预防此病之时，也要加强个人的防护工作，最好是佩戴防尘护具，例如有防尘效果的安全帽，效果强劲的送风头盔、送风口罩等设备，都可大大避免粉尘吸入。还可以加强对尘肺病的筛查，采用早发现、早治疗的措施，这样就可避免出现病情不断恶化的情况，而生产单位也要积极改革生产工艺、革新生产设备等。

尘肺病是慢性疾病，对工人的影响很大，而关键的预防措施，就是生产技术及时改进，在生产过程之中减少出现粉尘，减少原材料中游离形式的二氧化硅含量。

课后测试

1.结合自己的专业特点，试分析长期劳动后可能引起哪些职业病。

2.发现他人触电时，我们应该怎样做？

3.触电者脱离电源的注意事项有哪些？

4.如何用安全系统方法解决机械安全问题？

5.机械伤害类型有哪些？

6.如何预防职业病？

模块四 交通安全

学习目标

1.掌握乘车安全知识

2.学习骑行安全常识

3.了解交通事故处置方法

导语

平安需要一生功，事故仅仅一秒钟。

——佚名

案例引入

某中职学校的4名学生相约一起外出郊游，沿途嬉笑打闹、互相追逐。途中马某加速骑车超越前方骑车的同学，由于骑行不当，在超车过程中自行车后轮挂住了被超自行车的左侧脚架，自行车当即失去平衡，发生摇晃，偏向路中，此时恰巧一辆轿车迎面驶来，自行车前轮与轿车前端碰撞，马某被撞倒，被轿车碾压，当场死亡。

思考：这几名同学在紧张学习之余外出轻松一下本属正常，但在行驶过程中违反了骑车人"不准扶身并行、互相追逐或曲折竞驶"的规定，以致发生事故。

单元一 乘车安全

一、乘坐机动车安全

汽车、电车等机动车是人们最常用的交通工具，为保证乘坐安全，应注意以下几点：

（1）乘坐公共汽（电）车，要排队候车，按先后顺序上车，不要拥挤。上下车均应等车停稳以后，先下后上，不要争抢。上车后不要匆匆忙忙找座位，发现老弱病残孕及带小孩的人，要主动让座，如图4-1所示。

图4-1　主动让座

（2）不要把汽油、爆竹等易燃易爆的危险品带入车内。

（3）乘车时不要把头、手、胳膊伸出车窗外，如图4-2所示，以免被对面来车或路边树木等刮伤，也不要向车窗外乱扔杂物，以免伤及他人。

图4-2　不要将身体伸到外面

（4）乘车时要坐稳扶好，没有座位时，要双脚自然分开，侧向站立，手应握紧扶手，以免车辆紧急刹车时摔倒受伤。

（5）坐在座位上，也要精神集中，双手扶住前排座位上的椅背。通常车子猛烈刹车时，人体会向前倒，这样头和脸就有撞到前排座椅靠背的危险。如双手扶住前排座位的椅背，则可以大大减缓身体向前的冲击力，同时对头和脸部也可起到保护作用。

（6）如果汽车不幸翻倒或翻滚，不要死抓住汽车的某个部位，这时抱头缩身才是上策。

（7）乘坐小轿车、微型客车时，在前排乘坐时应系好安全带，如图4-3所示。

图4-3　系好安全带

（8）尽量避免乘坐卡车、拖拉机，必须乘坐时，千万不要站立在后车厢里或坐在车厢板上。

（9）不要在机动车道上招呼出租汽车。

（10）乘坐公共汽车时，要注意防扒手，如图4-4所示。携带的财物要放在安全的地方。上车后不要停留在车门口处，因为车门处上下车人多拥挤，扒手最容易得逞。一旦发现自己在车上丢失财物，要立即告诉司机或售票员，请他们帮忙寻找。

图4-4　谨防扒手

二、乘坐火车安全

火车具有快速、方便、准时的特点，也很少发生交通事故。但是，要真正做到旅途平安必须注意以下几点：

乘坐火车时应注意下列几点：

（1）按照车次的规定时间进站候车，在火车开动前30分钟至1个小时内赶到车站，以免由于人多拥挤和寻找检票口而耽误上车时间。中途换乘其他车次，如果时间紧张也应该办好相关手续，确认检票口之后，再去做其他事情。火车每到一站都会有几分钟到十几分钟的停车时间，学生可以根据情况到站台上活动和呼吸新鲜空气或是购买食品，这时一定要注意列车的发车信号，不要因跑得太远而被丢下。

（2）在站台上候车，要站在站台一侧黄色安全线以外，如图4-5所示，以免被列车卷下站台，发生危险。

图4-5　站在安全线外

（3）列车行进中，不要把头、手、胳膊伸出车窗外，以免被沿线的信号设备等刮伤。

（4）不要在车门和车厢连接处逗留，那里容易发生夹伤、扭伤、卡伤等事故。

（5）不带易燃易爆的危险品（如汽油、鞭炮等）上车。

（6）不向车窗外扔废弃物，以免砸伤铁路边行人和铁路工人，同时也避免造成环境污染。

（7）乘坐卧铺列车，睡上、中铺要挂好安全带，防止掉下摔伤。

（8）保管好自己的行李物品，注意防范盗窃分子。

（9）车门附近的制动闸是遇到紧急情况时刹车用的，不能随意搬动。

（10）旅途卫生要讲究，火车上人多拥挤，增加了疾病和细菌传播的机会。学生上火车除了饭前便后要洗手外，还要多喝水。最好自己带一些治疗痢疾等急性传染病和肠胃病的药物。不要在火车上吃腐烂变质的食物。

（11）如果学生独自或几个人一起乘火车，途中还要提高警惕，防止被盗、被抢、被骗。如果发生这些情况，要及时报告给列车员或乘警，寻求帮助。

单元二　骑行安全

自行车又称单车。在我国，由于经济水平等因素的影响，自行车被广泛地用作交通工具。无论是城市还是农村，人们出行的主要代步工具即是自行车，它给人们的生活带来了诸多的方便。成人上班，学生上学，父母接送孩子上幼儿园，一家人走亲访友，都离不开自行车。

一、骑自行车的风险

自行车具有灵活方便的一面，同时又有不稳定、危险性大的另一面。对于常骑自行车者，由于他们技术比较熟练，骑车时感到轻松自如，随意心理、惰性心理便由此而生，表现为：一是骑车时注意力不集中、警觉性低、带人时能带多少就带多少，或者载物超负荷，架着大筐大桶，骑在路上摇摇晃晃；二是遇险情不愿减速，不愿下车，与机动车争道抢行。正是由于这样一半自信一半侥幸的随意、惰性心理的存在，加之自行车的不稳定性，在遇到危险时无法控制，便发生了一幕幕触目惊心的交通事故，如图4-6所示。

图 4-6　交通事故

二、骑行的安全事项

国家从保障交通安全出发，在交通管理条例中明文规定，未满12周岁的儿童不准在道路上骑自行车，如图4-7所示。而对于那些已经达到法定骑车年龄，准备正式骑车上路的学生来说，在正式上路前应当认真地学习有关骑自行车的规定，掌握安全骑车的基本要领。

图4-7　未满12周岁不要骑车上路

（一）日常骑行的安全注意事项

造成学生自行车车祸的原因有很多，其中一条是他们平时缺乏安全教育，安全意识淡薄，不遵守交通规则。骑车时应注意的安全事项如下：

（1）首先自行车应该保持机件完好，安全设施齐备。骑车外出的学生，出行前要先检查一下车铃、车闸、车锁、车轮、车把、脚踏、坐垫等是否完好、有效，保证没有问题后方可上路。学生在已经掌握骑车技术，可以单独上路时，还应注意骑车安全规范。检查自行车手闸如图4-8所示。

图4-8　检查自行车手闸

（2）骑自行车时要在非机动车道上靠右边行驶，不逆行，如图4-9所示；转弯时不抢行猛拐，要提前减慢速度，看清四周情况，以明确的手势示意后再转弯。电动自行车在非机动车道内行驶时，最高时速不得超过15千米。

图4-9 不逆行

（3）不得在道路上骑独轮自行车或两人以上骑行的自行车。

（4）经过交叉路口时，要减速慢行，注意来往的行人、车辆；不要闯红灯，如图4-10所示。遇到红灯要停车等候，待绿灯亮了再继续前行。

图4-10 不要闯红灯

（5）不能飞车穿行；超越前方自行车时，不要靠得太近，不要速度过快；同时，在超越前车时，不准妨碍被超车的行驶。

（6）自行车（三轮车）不得加装动力设置。

（7）学习、掌握基本的交通规则知识。

（8）学车或练车时，要在无人无车的空地上进行。有些男生喜欢在路沿、路坎或崎岖的山路上练习山地车，这时要注意不可伤着路人，也要小心保护自己。

（9）骑车时不要手中持物，不要双手撒把骑车，如图4-11所示。不多人并骑，不互相攀扶，不互相追逐、打闹。

图 4-11　不要双手撒把骑车

（10）骑车时不攀扶机动车辆，以免被剐倒；不载过重的东西；骑车时要精神集中，不要戴耳机听广播或听音乐，如图4-12所示。

图 4-12　不要戴耳机骑车

（11）通过陡坡、横穿四条以上机动车道、夜间灯光炫目或途中车闸失效时，须下车推行，但切记不要突然停车，下车前必须伸手上下摆动示意，不准妨碍后面车辆行驶。下车前伸手示意如图4-13所示。

图 4-13　下车前伸手示意

（12）骑自行车不准载人，因为自行车的车体轻、刹车灵敏度低，轮胎很窄，如果载人，车子的总重量增加，容易失去平衡，遇到突发情况时，容易发生事故。

（二）雨雪天气骑自行车的安全注意事项

雨雪天气骑自行车应注意以下事项：

（1）骑车途中遇雨，不要为了免遭雨淋而低头猛骑，如图4-14所示。

图 4-14　不要低头猛骑

（2）雨天骑车，最好穿雨衣、雨披，不要一手持伞，一手扶把骑行，如图4-15所示。

（3）雪天骑车，自行车轮胎不要充气太足，这样可以增加与地面的摩擦，不易滑倒。

（4）雪天骑车，应与前面的车辆、行人保持较大的距离。

（5）雪天骑车，要选择无冰冻、雪层浅的平坦路面，不要猛捏车闸，不急转弯，如图4-16所示。转弯的角度也应尽量大些。

图 4-15　不要一手持伞，一手扶把骑行

图 4-16　不急转弯

（6）雨雪天气道路泥泞湿滑，骑车时精力要更加集中，随时准备应对突发情况，骑行的速度要比正常天气时慢一些才好。

（三）高温天气骑自行车的安全注意事项

夏季，天气闷热高温，在此种天气下骑车，学生们要防止由于天热骑车打盹，打盹可能会造成交通事故。天气炎热骑车人流汗不止、心情烦躁，容易精力分散。因此，要做好防暑降温工作，注意休息，保持充沛的精力。夏季柏油路面容易软化，软化后的路面附着力降低，使车辆制动效能降低，应注意减速，以防滑倒。烈日下骑车如图4-17所示。

图 4-17　烈日下骑车

（四）迷雾天气骑自行车的安全注意事项

迷雾天气骑车，要根据能见度的高低，控制好车速，精力要高度集中，发现前方有情况要提早刹车。行驶中要保持较大车距，密切注视前后左右的车辆和行人。大雾天如果能见度在5米以内，千万不能骑快车，因为5米以外的情况，骑车人看不清，如果车速快，一旦遇到前方有险情，会因来不及刹车而导致事故发生。

单元三　交通事故处置

一、交通及交通事故知识

交通包括道路交通、铁路交通、水路交通、航空航天等。这里所说的交通事故是指道路交通事故，即车辆驾驶人员、行人、乘车人以及其他在道路上进行交通活动的有关人员，因过错或者意外造成人身伤亡和财产损失的事件，如图4-18所示。

图 4-18　交通事故

交通事故的构成一般有以下七个方面的因素：

第一，必须至少有一方使用车辆；

第二，事故发生在道路上；

第三，发生事故的车辆在行驶或停放过程中；

第四，发生了碰撞、碾压、剐蹭、翻车、坠车、爆炸、失火等其中的一种或几种现象；

第五，当事人有违反交通法规的行为；

第六，造成事故的原因是人为的，而不是人力无法抗拒的原因；

第七，有人、畜伤亡或者财产损失的后果。

二、交通事故的处置

（一）中职学校校园交通安全

学校内交通虽然不如校外那样拥挤，但是随着中职学校的发展和老师、学生拥有车辆数目的不断增加，校内交通也有其特殊之处，如流量不均衡，时间相对集中，无专职交通管理人员，上、下课时间交通流量大以及无牌无证驾驶车辆现象严重；校内道路四通八达，汽车、摩托车、农用车、三轮车、自行车来回在校园穿梭等。面对交通状况出现了诸多新情况、新特点，校园无重大交通事故已成为历史。只要稍有疏忽，造成重大人员伤亡的交通事故也会在校园内发生。近年来，中职学校学生非正常死亡人数中，因交通事故死亡的占有一定的比例。

中职学校校园内易发生交通事故的主要原因是思想麻痹和安全意识淡薄。许多学生刚刚离开父母和家庭，缺乏社会生活经验，头脑里交通安全意识比较淡薄。同时有的学生在思想上还存有在校园内骑车和行走肯定比公路上安全的错误认识，一旦遇到意外，发生交通事故就在所难免。学生在校园内发生交通安全事故的主要表现形式有以下几种：

1. 注意力不集中

这是最主要的形式，表现为行人在走路时边听歌边走路，如图4-19所示，或者左顾右盼、心不在焉。如某中职生李某，虽然眼睛近视，可他却最喜欢戴着耳机边听音乐边走路边看书，有时候车到了他跟前才发觉。同学提醒他要注意，而他却当作耳边风。一天下午，他像往常一样一边听着音乐，一边看着书回宿舍，经过一个十字路口时，一辆轿车从他左侧开过来，汽车鸣笛，他丝毫没有避让的意思，结果汽车刹车不及将其撞倒。幸好车速不是太快，否则性命难保。

图 4-19　边听歌边走路

2. 在路上进行球类等体育活动

学生精力旺盛、活泼好动，即使在路上行走也总是蹦蹦跳跳、嬉戏打闹，甚至有时还在路上进行球类等体育活动，这更增加了发生事故的风险。

3. 骑"飞车"

一般中职学校校园面积都比较大，宿舍与教室、图书馆等之间的距离比较远，所以许多学生购买了自行车，课间或下课时骑自行车在人海中穿行是学校的一道风景线。但部分学生骑自行车时居然与汽车比速度，有时候还双手离开车把；还有一些学生，自己没有驾驶证，却购买来历不明的二手摩托车，在学校里驮着同学"兜风"，殊不知就此埋下了祸根。如2021年，某中职生张某，前一天晚上在网吧上网，到第二天凌晨4点多才回宿舍休息。一觉醒来已快到上课时间了，他起床后顾不得梳洗就匆匆下楼，骑上自行车飞快朝教室奔去。当他骑到一个下坡向右转弯的路段时，本来车速已很快，但他还觉得慢，又猛踩了几下，就在这时迎面来了一辆小轿车，因车速太快避让不及，连人带车掉进了路旁的水沟里，致使右胳膊骨折，自行车摔坏。

（二）校园外常见的交通事故

1. 行走或骑非机动车时发生交通事故

中职生在课余空闲时会因购物、观光、访友等到市区活动，这些地方车流量大，行人多，各种交通标志眼花缭乱，与校园相比交通状况更加复杂，若缺乏通行经验则发生交通事故的概率很高。上海一所著名大学的校长说："在各个学校中普遍存在这样一种情况，少数学生书读得越多，越不会走路，遵守交通规则的意识越淡薄，不仅在校园里乱骑车、乱停车，在马路上违反交通规则也时有发生。"

2. 乘坐交通工具时发生交通事故

广大中职生离校、返校、外出旅游、参加社会实践、寻找工作等都要乘坐各种长途或短途的交通工具。全国各地中职生因乘坐交通工具发生交通事故的情况时有发生，有时甚至造成群体性伤亡，教训十分惨重。造成中职生群死、群伤的交通事故，大多与学生外出游玩有关。有的学生租用非法运营的私人车辆外出旅游，有的学生乘坐旅游公司的车辆外出旅游，途中发生交通事故，造成人员伤亡。还有的学生在乘坐朋友、同学家的私家车时发生交通事故。

（三）中职生发生交通事故的处置

中职生如果发生交通事故或者发现交通事故，要拨打122或者110报警。中职生发生交通事故时要做好以下几个方面：

1. 发生交通事故要及时报案

无论是在校内还是在校外，一旦发生交通事故，首先要及时拨打"122"交通事故报警电话报案，千万不能与肇事者"私了"。这样做不仅有利于事故的公正处理，而且可以避免在与肇事者私了时造成的不必要伤害。若在校外发生交通事故，除及时报案外，还应该与学校取得联系，由学校出面处理相关事宜。

拨打"122"电话报警时，要详细说明出事时间和地点、受伤或死亡人数及车辆的损伤等情况，如图4-20所示。如果肇事车辆逃逸，说明肇事车辆的车牌号或者车辆的车型、颜色等主要特征。最后，要注意留下肇事者联系电话和姓名。

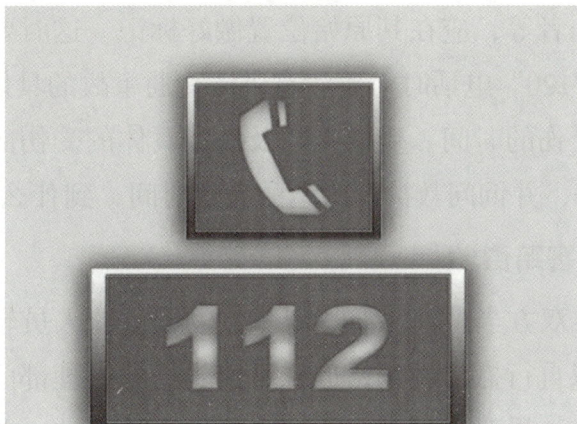

图4-20　拨打"122"电话

2. 事故发生后要保护好现场

相关部门对事故现场的勘查结论是划分事故责任的重要依据之一，如果事故现场没有被保护好，这不仅会导致中职生在交通事故处理中不能依法维护自己的合法权益，同时也给了肇事者逃脱处罚的机会。要切记，在校外或校内发生交通事故或者发现交通事故后，要注意保护好事故现场，可以利用手机、照相机等记录现场，如图4-21所示。记录的重点包括事故发生时的原貌、肇事车的车牌号、肇事者的体貌特征等。在任何情况下，学生都不能乘人之危，私拿因交通事故抛洒在车上、路上的钱物。

图4-21　对现场进行拍照记录

3.事故发生后要控制住肇事者

学生在校外或校内发生交通事故或者发生交通事故后，如无重大人员伤亡，一定要稳住肇事者。在交警到来之前，不要与肇事者发生争执。若肇事者想逃脱一定要设法控制。若自己不能控制，可以发动周围的人帮忙控制。若实在无法控制也要记住肇事车辆的车辆牌号以及肇事者的个人特征。

4.及时救助伤员

交通事故发生过程中有人员伤亡的要及时拨打"120"进行救助，必要时拦截合适的车辆将伤员及时送往医院。救助的同时，要保护好现场，防止因救助破坏了原始现场，为抢救伤者，必须移动现场肇事车辆、伤者等，应在其原始位置做好标记。这时要特别注意现场伤情处置，防止造成其他损伤。拨打"120"电话时，要注意讲清交通事故的具体地址，以及可联络的电话号码，尽可能说清楚伤员受伤的时间、受伤人数及伤者具体的受伤部位，伤者目前最危急的情况，如呼吸困难、大出血等，并询问救护车到达的大致时间，到什么位置接应救护车等。

5.依法解决交通事故损害赔偿

交通事故发生后，如果双方当事人自愿，对车、物损失或人员轻微伤害的一般交通事故，责任明确，争议不大，可以自行撤出现场，但应迅速到交通管理部门完善法律手续，依法保护双方的合法权益不受侵害。如果双方当事人不能自行协商处理的，要依据法律进行处理。报警之后，要协助交通警察收集各种现场证据，做好交通事故认定书。当事人收到交通事故认定书后，对交通事故损害赔偿有争议的，可以请求公安交通部门协商调解，也可以直接向人民法院提起民事诉讼。某中职学校关于交通安全的宣传语如图4-22所示。

图 4-22　某中职学校关于交通安全的宣传语

（四）日常交通事故预防

交通安全由人、车、道三个要素构成，道路是交通安全的基础，车辆是交通安全的重要因素，而人是交通安全的最重要因素。因此，中职生要预防交通事故，确保交通安全，最重要的是严格遵守《中华人民共和国道路交通安全法》，不断提高自我防护能力，切实做好交通事故的防范工作。

中职生发生交通事故的最主要原因就是思想麻痹、交通安全意识淡薄。遵守交通法规是对一名中职生最起码的要求，若没有交通安全意识很容易带来生命隐患。因此，中职生预防交通事故，最好的办法就是提高交通安全意识。同时，除提高交通安全意识、掌握基本的交通安全常识外，还必须自觉遵守交通法规，这样才能保证交通安全。

为了预防交通事故，要注意以下几点：

（1）**必须认真遵守交通法规。**交通法规是在总结大量交通事故血的教训下才产生的，是人们交通安全的基本保障。只要自觉遵守交通法规，就会少发生或不发生交通事故。相反，如果不遵守交通规则，存有侥幸心理，甚至明知故犯，如违章驾驶、骑车带人、逆行、闯红灯、行人过马路不走人行横道和过街天桥等，就非常容易发生交通事故。行人要走人行横道如图4-23所示。

图4-23 行人要走人行横道

（2）**必须掌握基本的交通安全知识。**了解道路通行条件中的交通信号灯、交通标志、交通标线、交通警察指挥手势的含义；道路通行中的一般规定，机动车、非机动车、行人和乘车人的通行规定以及高速公路的特别规定；交通事故处理中的保护现场、抢救受伤人员、报警，交通事故的调解和诉讼以及向保险公司的理赔等方面的知识。

（3）**必须增强自我保护意识。**由于他人特别是机动车驾驶员的违章，学生无辜被撞伤、撞死，这样的教训是十分惨痛的，因此必须增强自我保护意识，要警惕和防止由于他人的过失对自己造成伤害。出行时要精力集中，不仅要瞻前，而且要顾后，眼观六路，耳听八方；发现违章的车辆向自己驶来，要主动避让，防止伤害到自己；遇到路况复杂、天气不好时，要处处加以小心，及时避让，以免受到意外伤害。某中职学校关于安全出行的宣传语如图4-24所示。

图 4-24　某中职学校关于安全出行的宣传语

小知识

日常交通安全规则

随着时代的发展，交通也越来越发达，便捷的交通给我们的生产、生活带来了极大的便利。但是，我们在享受便利交通的同时也正时刻受着交通安全隐患的威胁。

1. 靠右行的原则

靠右行是指行人或车辆在法律、法规规定的范围内，必须遵守靠道路右侧行走或行驶的原则。确定这个原则，原因是行人和各类车辆在同一道路内往同一方向行进，可以保证交通流向的一致性，能有效地减少和避免行人之间、车辆之间相撞现象的发生。我国自古就有靠右行驶的传统和习惯，所以一直沿用靠右行的规则。

2. 行人、车辆各行其道的原则

各行其道是指车辆、行人在规定的机动车道、非机动车道和人行道上分开行驶（行走），互不干扰。我国人口众多，近几年随着轿车进入家庭的步伐加快，道路上的车流量也明显增加，如果机动车、非机动车和行人混行在同一道路上，会增加交通事故。因此，法律规定，行人和车辆各行其道。

3. 确保交通安全的原则

根据粗略统计，在我国交通事故的发生原因中，各种交通违章占 90% 以上。交通法规是公民的生命之友，每个人都必须遵守交通法规，不做违反交通法规的事情。如果遇到交通法规没有明文规定的例外情况，广大中职生必须遵守"车辆、行人必须在确保安全的原则下通行"的原则。

课后测试

1.在校园内行走时应注意什么？

2.在校园内骑车应注意什么？

3.乘车时的注意事项有哪些？

4.说出几种常见的交通工具，并说明每一种交通工具的优缺点。

5.说出日常生活中常见的不文明出行行为。

6.写一篇800字左右的关于交通安全的作文。

模块五　消防安全

学习目标

1.掌握预防校园火灾的知识
2.了解预防家庭火灾及公共场所火灾处置的知识

导语

水火无情。

——［元］杨梓

案例引入

　　2022年11月14日上午9时左右，某中职学校的第二食堂二楼燃起熊熊大火，火势迅速蔓延，将整个建筑包围在大火之中。消防部门接到报警后，出动十辆消防车赶赴现场进行灭火抢救。经过近两个小时的扑救，大火被扑灭，但食堂二楼的屋顶已经坍塌，这座刚刚完成装修的学生食堂已被大火烧毁。由于火灾并不是发生在学生用餐时间，所幸没有人员伤亡。经初步调查，大火是由于食堂内煤气管道泄漏引起的。

　　"隐患险于明火，防范胜于救灾，责任重于泰山。"实践证明，常见的电气设备引起的火灾，如果使用部门或使用者了解必要的消防常识，提高消防意识，火灾是完全可以避免的。

单元一　预防校园火灾

一、校园火灾的危害性

　　校园一旦失去了安全就没有了一切。广大师生必须充分认识火灾及其危害性，切实加强消防知识的学习，提高消防防范的能力。只有这样，才能有效地预防和减少火灾危害，营造一个安全的学习和生活环境。

　　无情的大火曾夺去了无数人的生命，吞噬了无数的社会财富。随着社会的发展和教育的进步，加上各种新设备、新材料、新工艺的大量开发和应用，用火、用电、用气范围日益扩大，潜在的火灾危险因素越来越多，火灾的危害性也越来越大。火灾已成为各种灾害中发生频繁且毁灭性较大的灾害之一。某中职学校防范火灾宣传语如图5-1所示。

珍爱生命
防患于未"燃"

图 5-1　某中职学校防范火灾宣传语

火灾的危害主要表现在以下几个方面：

（一）火灾危及生命

　　生命是美好的，它对于每个人来说都只有一次。中职校园是一个集体场所，是一个人口密度极大的聚居地，任何一场火灾都可能造成重大后果，危及生命。可以说，火灾是威胁生命安全的无情杀手。因此，提高自身安全意识，时刻紧绷安全弦尤为重要。切记：生命只有一次，每一名中职生一定要加倍珍惜自己的生命，更加重视消防安全。

（二）火灾易造成重大财产损失

　　在我国有这样一句广为流传的谚语："贼偷三次不穷，火烧一把精光。"它形象、生动地刻画了火灾的残酷无情。一把火可使人们数十载辛勤劳动创造的物质财富顷刻之间化为灰烬。中华人民共和国成立以来，在我国中职学校中，从未发生过火灾的寥寥无几。有的学校整座教学楼、实验楼、图书楼被烧毁，损失大量的实验标本或珍贵藏书，严重影响了正常的教学科研活动。至于在学生宿舍内发生的小型火灾则每年可达数千起之多，造成学生的大量财物被毁。据有关统计资料表明，中职学校里的火灾比盗窃所造成的经济损失要高出很多倍。

（三）火灾影响正常的生活与学习秩序

　　火灾不仅给人身和财产带来巨大损失，还在一定程度上影响正常的教学活动和生活秩序。火灾，尤其是恶性火灾，每次都使人们受到极大的心理震撼和精神刺激，轻者心有余悸，谈火色变，严重者造成精神上的损害。而一些伤亡惨重、影响巨大的火灾，往往使一些家庭受到毁灭性打击，并引发一系列的社会问题。火灾可能使师生人心惶惶，正常的教学科研和生活秩序被打乱，引起师生不满，甚至发生骚乱，影响校园稳定。

由此可见，火灾的危害性是相当大的。中职生要充分认识火灾的危害性，不断提高安全防火意识，认真贯彻执行"预防为主，防消结合"的消防工作方针，做好校园的火灾预防工作，做好远离火灾、珍爱生命的宣传工作，以避免和减少中职学校火灾的发生，如图5-2所示。

图 5-2　远离火灾 珍爱生命

二、中职学校火灾的预防

防止发生火灾的关键，是做好火灾的预防。下面我们了解一下中职学校易发生火灾的部位，帮助学生掌握一些防火常识。

（一）学生宿舍防火

学生宿舍（公寓）是中职学校的防火重点部位之一。宿舍普遍存在的问题是住宿人员多，有大量的可燃物，如书柜、被褥、书籍、行李；有大量着火源，如吸烟、使用各种电器、使用蜡烛照明，甚至使用明火做饭等；用电量大，乱接电线，私装床头灯、台灯，导致线路超负荷等。针对学生宿舍常见的火灾原因，每个学生都要树立防火意识，自觉遵守学校的消防管理规定，在防止宿舍火灾中应做好以下几点：

（1）不私自乱拉乱接电源线路，避免电线缠绕在金属床架上或穿行于可燃物中间，避免接线板被可燃物覆盖，防止因电线短路引发火灾。

（2）不违规使用大功率电器，特别是电热炉、"热得快"等。

（3）做到在使用电器时有专人看管，人走必须断电。

（4）不使用明火照明，灯泡照明不使用可燃物作灯罩，床头使用符合安全标准的灯管。

（5）不躺在床上吸烟，不在宿舍内乱扔烟头、乱丢火种。

（6）不在室内燃烧杂物、燃放烟花爆竹。

（7）不在宿舍内存放、使用易燃易爆物品。

（8）不在宿舍内做饭。

（9）不使用假冒伪劣电器。

（二）教室防火

教室一旦发生火灾，损失大，人员伤亡大，难于扑救，历来是中职学校的防火重点部位之一。因此，学生要服从老师的指导，应严格遵守有关操作规定，树立"安全第一"的思想，并切实做到以下几点：

（1）服从老师安排，严格遵守纪律，禁止在教室玩耍、打闹，防止打破设备酿成火灾。

（2）严禁摆弄与教学活动无关的设备，特别是电热设备。

（3）非需要，严禁携带任何火种和其他与学习无关的易燃易爆物品进入教室，减少教室致灾因素。

（4）严禁带闲杂人员进入学校以及教室，防止因外人的违章行为导致火灾。

（5）严禁在教室居住，更不能在教室内及附近使用生活用火，特别是不能使用明火，更不准燃放烟花爆竹，以防引燃室内易燃物和其他可燃物而发生火灾。

（6）注意电器的正确使用和保管，正在使用的电器不准接近可燃物。

（7）严格遵守教室的用电制度，用电及电器安装必须符合国家规定的技术规范。

（8）每一名师生都要时时保持警惕，强化火灾预防意识。如发生火灾，应立即扑救和报警，防止火灾蔓延。

（三）公共场所防火

随着中职学校的扩招和建设发展，教室、餐厅、图书馆等处人员往来频繁、密度大。公共场所管理松散，部分师生防火意识不强，室内装修使用可燃物质多，用电量高，高强度照明设备多，空间大等诸多因素，都会造成严重的火灾隐患。这些地方时有重大火灾发生，极易造成人员伤亡特别是群死群伤。

（1）清醒认识公共场所的火灾危险性，时刻提防。

（2）严格遵守公共场所的防火规定，摒弃一切不利于防火的行为。

（3）进入公共场所，首先要了解所处场所的情况，熟悉防火逃生通道，便于起火时逃生。

（4）善于及时发现初起火灾，做出准确判断，能及时扑救的要及时扑救，形成蔓延的要逃生。

（5）要具有见义勇为的精神，及时帮助遭受伤害的人员迅速撤离、脱险。

（四）树林、草坪防火

中职校园里种植了树木、花草等植被，不仅美化环境、净化空气，还能起到防风固沙、涵养水源、调节气候、维持生态平衡等作用。但一些树种如油松、侧柏、落叶松、桦树等树皮中含有油脂，大都容易燃烧，一旦发生火灾，很快就会蔓延，而且常常会带来巨大损失。所以，在树林、草坪处，更要注意防火，要遵守有关消防法规，做到不使用明火，不在树林、草坪中吸烟。

单元二　预防家庭火灾

一、发生家庭火灾的常见原因

（一）厨房用火不慎

使用煤气灶、液化石油气灶时，锅壶盛水过满溢出导致火焰熄灭，泄漏出的煤气、液化石油气与空气混合遇明火发生爆炸燃烧；家中炒菜时，油锅过热起火；在农村，倒出的稻草灰、木柴灰、煤柴灰并未完全熄灭，火星被风带到室外草垛等处酿成火灾等。

（二）生活用火不慎

由于蚊香等摆放不当或电蚊香长期处于工作状态，而招致火灾；停电时用蜡烛照明时，来电后忘记吹灭蜡烛，或点燃的蜡烛过于靠近可燃物，燃烧蔓延成火灾等。

（三）吸烟不慎

在家中乱扔烟头，致使未熄灭的烟头引燃家中的可燃物；躺在床上、沙发上吸烟，烟未熄人已入睡，结果烧着被褥、沙发，造成火灾；使用易燃易爆物品时吸烟引起火灾等。

（四）儿童玩火

儿童在家中玩火柴、打火机，打开煤气、液化气钢瓶上的开关等，此时如果家长不在家，一旦起火，儿童不懂灭火常识，常常惊慌逃跑，从而使小火酿成火灾，最终成为悲剧。儿童不要玩火如图5-3所示。

图 5-3　儿童不要玩火

（五）人为纵火

生活中难免磕磕碰碰，有口角之争，如果相互之间不能宽容一点礼让三分，势必结怨，此时一些愚昧、自私、狭隘而又缺乏法律知识的人可能放火泄愤，引起家庭火灾事故的发生；或由于精神病患者病情发作对自己的行为失去控制能力而放火引起火灾。

二、家庭火灾预防的主要措施

一个家庭是否和睦幸福关系到国家的未来和希望。保护国家、人民和公共财产的安全，保护他人和自身的安全，是当代中职生的义务。了解、学习和掌握防火知识，协助家庭做好防火工作，减少和杜绝火灾事故的发生，保障安全。如果火灾不断，人身和财产安全得不到保障，又怎能使家庭和睦幸福呢？

我们常说："隐患险于明火，防范胜于救灾。"我国消防工作的总方针就是"预防为主，防消结合"。因此，只要我们在思想上高度重视，在行动上落到实处，就可以有效地预防火灾。

（一）增强消防安全意识

家庭成员消防知识的贫乏及消防安全意识的淡薄，往往会导致家庭火灾的发生。由于电器发生故障，引燃周围可燃物导致火灾，这样的教训是惨痛的！只有提高防火安全意识，才会时刻留意身边的火患；控制一切火源，才会把预防火灾放在首位；时刻保持高度警惕，才会主动学习消防知识，掌握防范措施，杜绝火灾事故的发生。

（二）迅速拨打报警电话

救火必须分秒必争，发生了火灾，在扑救的同时，要立即拨打"119"火警电话，如图5-4所示。在拨打火警电话时要沉着冷静，讲清火灾的单位、地点及自己所用的电话号码，并尽可能讲清楚着火对象、类型和范围，以便消防队"对症下药"。同时，派人在校门口和必经的交叉路口等候，为消防车迅速到达火场赢得时间，减少火灾损失，并迅速报告学校有关部门，以便及时组织人员扑救。

图 5-4　拨打火警电话

（三）及时扑救初起火灾

根据燃烧的基本条件，一切灭火措施都是为了破坏已经形成的燃烧条件，或终止燃烧的连锁反应而使火熄灭以及把火势控制在一定范围内，最大限度地减少火灾损失。火灾通常都有一个从小到大、逐步发展直至熄灭的过程。起初阶段燃烧面积不大、火焰不高、辐射不强，烟和气体流动缓慢，燃烧速度不快，这是扑救火灾的最佳阶段。及时、正确运用各种方法扑灭初起阶段的火灾，是减少火灾损失、杜绝火场致人死亡的最重要一环。灭火的主要方法有窒息灭火法、冷却降温灭火法、可燃物隔离灭火法、化学抑制灭火法等。

1. 窒息灭火法

窒息灭火法，是指使燃烧物隔绝空气，因缺氧而熄灭，从而达到灭火的目的。如点燃的蜡烛烧燃了课桌上的纸张、书本时，不能挥舞拍打，用一条湿润的毛巾覆盖在上面，火就能熄灭；炒菜时，油锅内的油起火，盖上锅盖，就可使火熄灭；电器、煤气着火，可用毛毯、棉被覆盖灭火。使用二氧化碳灭火应用的也是这个道理，二氧化碳比空气重，本身不燃烧也不支持燃烧，可覆盖在可燃物上隔绝空气，使火熄灭。对于赤磷、硫黄、电石、镁粉等化学易燃物的燃烧，常用干粉、干沙、干土灭火。

2. 冷却降温灭火法

冷却降温灭火法，是指用水、干冰等直接喷洒在燃烧物上，水、干冰汽化吸收热量降温，且形成水汽、二氧化碳以隔绝空气，从而达到灭火的目的。一般来说，水是很好的灭火剂，但对于某些物品的失火则不能用水扑救，只能使用专门的灭火器材和设备。如金属钠、钾、钙及碳化钙等遇水会发生反应，产生氢气和热量，引起剧烈燃烧或爆炸。若轻于水的油类等物质着火，用水扑救会扩大燃烧范围。高压电气设备未断电时，若用水扑救，可能引起导电。其他如纸制品仓库、精密仪器、高温生产装置失火，不宜用水扑救。储备浓硫酸、浓硝酸等物品的仓库失火也不宜用水扑救。

3. 可燃物隔离灭火法

可燃物隔离灭火法，是指把火源与周围可燃物分离开来，从而达到灭火的目的。如森林灭火，常常开辟隔离带，使火势不再蔓延而得以控制；把失火处附近的液化气罐和其他可燃物移开；或把不大不重的着火物移至空旷处等，都是有效的办法。

4. 化学抑制灭火法

所有物质的燃烧都是通过化学反应进行的，是通过燃烧链的形式不断发展下去的。同理，切断燃烧的化学链也可以达到灭火的目的。常见的化学抑制灭火法就是使用干粉灭火器灭火。

三、家庭火灾的扑救措施

（一）切断火源

室内发生火灾时，要迅速切断火源，再扑灭明火，如果火势发展到不能扑灭的程度，应迅速关闭房门，使火焰、浓烟控制在一定的空间内，并向与火源相反方向逃生。切勿使用升降设备（电梯）逃生，不要返入屋内取贵重物品。大火封门无法逃生时，可用浸湿的被褥、衣物等堵塞门缝、泼水降温。被困在高层房间内时，应尽量在阳台、窗口等易被发现的地方等待，并采取高声呼救、敲打桶或盆、挥舞颜色鲜艳的物品等办法引起救援人员的注意。自己身上着火时，不可乱跑或用手拍打，应赶紧脱掉燃烧的衣服或就地打滚，压灭火苗。

（二）救人需注意安全

如果要冲进火场救人时，应先用湿棉被铺盖身体，用湿毛巾掩住口鼻，再进入火场。救人期间要注意量力而行，同时防止被倒塌的建筑或家具砸伤。切忌用灭火器直接向着火的人身上喷射，大部分消防剂会引起伤者伤口感染。捂住口鼻逃跑如图5-5所示。

图5-5　捂住口鼻逃跑

（三）及时报警求救

发生火灾时，应立即拨打119求助，并向消防部门准确提供火灾的详细地址、火势大小、燃烧物种类、有无人员伤亡、现场有无危险品等信息。拨打求救电话后，应由本人或让其他人到路口引导消防车或救护车。

（四）选择灭火设备

1. 灭火时，应根据火灾类型选择不同的灭火剂

（1）扑可燃固体物质火灾时，应选用水、泡沫、磷酸铵盐干粉灭火剂。

（2）扑液体火灾和熔化的固体物质火灾时，应选用干粉、泡沫灭火剂。扑救极性溶剂B类火灾不得选用化学泡沫灭火剂和抗溶性泡沫灭火剂。

（3）扑可燃气体火灾时，应选用干粉或二氧化碳灭火剂。

（4）扑可燃金属火灾时，用7150灭火剂或沙、土等。

2. 灭火器使用方法

（1）二氧化碳灭火器：先拔出保险栓，再压下压把（或旋动阀门），将喷口对准火焰根部灭火。使用时要避免皮肤接触喷筒和喷射胶管，以防冻伤。

（2）干粉灭火器：使用方法与二氧化碳灭火器相同。使用前应先把灭火器上下颠倒几次，松动筒内的干粉，然后将灭火喷嘴对准燃烧最猛烈处，尽量使灭火剂均匀地喷洒在燃烧物表面。干粉灭火器降温效果一般，灭火后要注意防止复燃。

（3）泡沫灭火器：使用前一手捂住喷嘴，一手执筒底边缘，将灭火器颠倒过来，上下晃动几下，然后保持倒置状态向燃烧区域放开喷嘴。灭火后应将灭火器卧放在地上，并将喷嘴向下。这种灭火器不能用来扑灭带电设备引发的火灾或气体引发的火灾。

单元三　公共场所火灾处置

一、公共场所火灾的特点

公共场所是指提供公共服务或人员活动密集的设施和场所，如影剧院、歌舞厅、宾馆饭店、医院、网吧、商场、超市、体育场馆、机场、车站，以及集购物、餐饮、娱乐、住宿、办公为一体的综合服务楼厦等人员相对密集的场所。这些场所因为人流量大，室内装修、装饰大量使用可燃、易燃材料，用电设备多、着火源多，存在巨大的火灾隐患。作为社会和集体的一分子，我们必须尽好自己的义务，从自身做起，让每个人都为公共场所防火尽最大的努力。

公共场所的火灾具有下列特点：

（一）可燃和易燃材料多，火势蔓延迅速

许多公共设施或场所在室内装饰、装修中采用了大量可燃或易燃的材料。例如，一些影剧院、歌舞厅等公共娱乐场所，在装潢上讲究豪华气派，大量采用木材、泡沫塑料、纤维织品等进行装修，增加了火灾发生的概率。此外，越来越多的家具/组件和电器在公共场所中应用，这些家具/组件和电器在生产过程中采用了不少可燃或易燃的材料，包括木材、织物、泡沫塑料、高分子合成材料等，使公共场所的火灾荷载大幅度增加。由于公共场所中存在大量的可燃或易燃材料，一旦起火，火势蔓延十分迅速，对人员的生命安全将构成严重的威胁。

（二）人员集中，疏散困难

公共场所人员密度较大，且人员复杂，部分人员缺乏逃生知识，加上一些公共场所疏散通道缺少或不畅通，疏散指示标志不明显，安全出口狭窄或数量不足，一旦发生火灾，场内人员容易惊慌失措，相互拥挤，导致出口堵塞，很难及时疏散。此外，由于公共场所使用了大量可燃或易燃性的材料及家具/组件，火势蔓延迅速，发生火灾时产生的浓烟会使现场人员视野模糊，拥挤踩踏，易造成大量的人员伤亡。同时，燃烧产生的有毒气体还会造成人员窒息或中毒，使人丧失逃生能力或中毒死亡。由于上述原因，公共场所一旦发生火灾，极易造成群死群

伤的恶性火灾事故，社会危害极大。

二、公共场所火灾的危害

（一）易酿成群死群伤火灾事故，人员伤亡严重

公共设施或场所大量采用可燃或易燃的装饰、装修材料及家具/组件。发生火灾时，火势蔓延十分迅速，同时伴有大量浓烟和毒性气体产生，再加上公共场所结构复杂，人员相对集中且对公共场所的疏散路线不熟悉，一旦发生火灾，人员伤亡严重。

（二）社会影响恶劣，容易造成社会的不稳定

一些人员密集的公共场所，如学校、医院、商场、影剧院、车站等一旦发生恶性火灾，极有可能引发群体性事件，不利于社会稳定与和谐。因此，必须引起高度的重视。

综上所述，公共场所火灾造成的人员伤亡及财产损失是触目惊心的，社会影响恶劣，容易造成社会的不稳定。

三、公共场所发生火灾时的逃生策略

一般来说，公共场所的空间都比较大，用电设备多，着火源多，一旦发生火灾，燃烧速度非常快，扑救困难。加上安全出口少，人员密集度高，火灾发生后，容易造成人员的大量伤亡。因此，公共场所建筑的防火要求必须严格明确。

（一）公共娱乐场所发生火灾时的逃生策略

（1）保持镇定，当即报警，并寻找安全出口逃生。

（2）用打湿的毛巾等物品捂住口鼻，尽量采取低姿行走。

（3）娱乐场所的装饰材料在燃烧时会产生大量的有毒气体，因此逃生时不要大声呼喊。

（4）不要盲目从众，要灵活应变，寻找新的通道逃生。

（二）商场发生火灾时的逃生策略

商场发生火灾时，人群容易慌乱无措。人在惊慌恐惧的状态下，常常会做出冲动的行为。商场发生火灾时要避免以下四种行为：

（1）**慌乱。**火灾一旦发生，人们经常会毫无头绪地乱跑乱叫，造成一种慌乱的氛围，使局面更加混乱，人的正常思维因此受到严重的干扰，行为开始错乱。

（2）**盲目从众。**人在慌乱的时候，容易失去主见，随大流，不利于逃生和人员的疏散。

（3）**主观臆断。**在不了解火势和不熟悉逃生路线的情况下，不听从火场员工的指挥，凭着主观臆断盲目逃生。

（4）**往光亮处逃生。**人本性喜欢朝着有光亮的地方运动，但在发生火灾时，要先区分光

亮是日光还是火光再逃生。通常奔往有安全疏散通道方向的亮处，是正确的逃生方向。如果逃往火势蔓延方向的光亮处，那就很危险了。

（三）酒店宾馆发生火灾时的逃生策略

（1）火灾初起时，尽量先灭火，并呼救报警。

（2）撤离大楼时，要随手关门，尤其是防火门更要关闭。

（3）如果不是自己的房间着火，先用手触摸门把，如果温度高，不能开门；如果温度正常，可用脚抵住门的下框，打开一道门缝观察外面的情况，如果火势小立即跑出房间逃离火场。

（4）外逃时，顺着楼梯逃生或者在避难层等待救援，不要乘坐电梯，以免被困在电梯里。

（5）如果发现下层楼梯冒烟，不要往下逃，可以往上逃或跑到天台、阳台等安全地方等待救援。

（6）外逃时，发现是本层起火，应赶紧披着湿棉被跑到紧急疏散口，顺手关上防火门，或逃往下层楼梯。

（7）如果困在室内，浓烟已经封闭通道时，先将门窗关闭，并打开所有水龙头，将房门、窗子、棉被、床单、衣服、毛巾等全部打湿，向外面发出求救信号，等待救援。用湿被灭火如图5-6所示。

图5-6　湿被灭火

（8）在室内时，千万不要藏在阁楼上、床底下和衣橱等不易被人发现的地方，尽量靠近窗子、阳台、墙壁。

（9）等不到救援时，将房间内的床单、被单打成绳索下滑逃生，或者顺着水管逃生。

（10）逃生时，不要盲目从众，需辨明光亮是日光还是火光，再确定逃生方向。

（四）困在电梯里的自救策略

（1）保持镇定，不要乱动，不得自行爬出电梯、爬出电梯天花板或强行推开电梯内门。

（2）通过电梯里的警铃、对讲机联系管理人员，或脱下鞋子拍打电梯，等待救援。

（3）手机如有信号，立刻拨打119呼叫消防人员。

（4）耐心等待，并注意倾听外面的动静，发现有人经过立即呼叫或拍打电梯。

（五）公共汽车火灾的扑救及逃生

公共汽车一旦失火，不仅车上人员的生命安全受到威胁，交通秩序也会受到严重影响。公共汽车失火时，司机要果断采取措施，保障乘客的安全。

（1）汽车中间着火时，驾驶员应打开两头的车门，让乘客有序下车。扑火时，对驾驶室和油箱要重点保护。

（2）发动机起火时，立即停车，切断电源，打开车门让乘客下车，然后组织乘客用随车灭火器灭火。

（3）行驶过程中起火，火焰小却封住了车门，可用衣服蒙住头从车门冲出去。车门无法打开时，可就近砸开车窗下车。

（4）加油过程中起火时，立即停止加油，疏散人员，并迅速将车开出加油站，用灭火器或衣服扑灭火焰。

（5）修理过程中起火时，立即切断电源，及时灭火。

（6）车厢内物品起火，立即将车开离重点要害地区或人员集中场所，并迅速报警。同时，用随车灭火器扑救。

（7）车子被撞后起火，救人第一，灭火第二。

（8）乘车人员的衣服着火了，应迅速脱下衣服，来不及脱下，可以就地打滚，将火滚灭。

（9）发现他人的衣服着火，可脱下自己的衣服为其灭火或用灭火器喷射灭火。

小知识　　　　　　　　　　**火灾逃生四不要**

（1）不要沿原路逃生。一旦发生火灾时，人们总是习惯沿着进来的出入口和楼道进行逃生，当发现此路被封死时，已失去最佳逃生时间。

（2）不要向光亮处逃生。在紧急危险情况下，人们总是向着有光、明亮的方向逃生。而这时的火场中，光亮之地正是火魔肆无忌惮的逞威之处。

（3）不要盲目跟着别人逃生。常见的盲目追随行为有跳窗、跳楼，逃（躲）进厕所、浴室、门角等。

（4）不要从高往低处逃生。特别是高层建筑一旦失火，人们总是习惯性地认为：只有尽快逃到第一层，才有生的希望。殊不知，盲目朝楼下逃生，可能自投火海。

课后测试

1.家庭火灾发生时，应该如何逃生？

2.在公共场所遭遇火灾，应该怎么做？

3.组织小组成员，开展一次火灾应急模拟自救演练。

4.根据所处环境，谈谈如果发生火灾应怎样逃生。

模块六 社会生活安全

学习目标

1.掌握生活用电安全知识

2.明确如何抵制毒品侵害

3.学会有关游泳安全的知识

导语

生命只有一次，安全伴君一生。

——佚名

案例引入

盛夏，市区温度达到了34.9℃。由于天气炎热，学生杨某与2个朋友来到河里游泳。这条河宽达20多米，最深处有5米。下水时，杨某穿着牛仔裤，10多分钟后，杨某在河里失去了踪影。警方接到报警后，便派出警力赶往现场搜救，找了七八个小时，没有发现杨某踪迹。直到次日早上，搜救人员才找到杨某的尸体。

单元一 生活用电安全

一、用电安全知识

（一）能够识别安全用电标志

明确统一的标志是保证用电安全的一项重要措施。统计表明，不少电气事故完全是由于标志不统一而造成的。例如，由于导线的颜色不统一，误将相线接设备的机壳，而导致机壳带电，酿成触电伤亡事故。

标志分为颜色标志和图形标志。颜色标志常用来区分各种不同性质、不同用途的导线，或用来表示某处的安全程度。图形标志一般用来告诫人们不要去接近有危险的场所。为保证安全用电，必须严格按有关标准使用颜色标志和图形标志。我国安全色标采用的标准，基本上与国际标准草案相同。一般采用的安全色有以下几种：

（1）红色：用来标志禁止、停止和消防，如信号灯、信号旗、机器上的紧急停机按钮等都是用红色来表示"禁止"的信息。

（2）黄色：用来标志注意危险，如"当心触电""注意安全"等。

（3）绿色：用来标志安全无事，如"在此工作""已接地"等。

（4）蓝色：用来标志强制执行，如"必须戴安全帽"等。

（5）黑色：用来标志图像、文字符号和警告标志的几何图形。

按照规定，为便于识别，防止误操作，确保运行和检修人员的安全，采用不同颜色来区别设备特征，如电气母线，A相为黄色，B相为绿色，C相为红色，明敷的接地线涂为黑色。在二次系统中，交流电压回路用黄色，交流电流回路用绿色，信号和警告回路用白色。某职校学生刘某，放学后在其他公共场所玩耍，由于"安全出口"指示牌在前一天遭到破坏，没有及时维护，电线裸露在外面，致使该学生在没有留意的情况下遭漏电的"安全出口"指示灯牌电击，躺在地上口吐白沫。他被同学发现并且其同学拨打了"120"电话，才被及时送到医院救治。

正是由于设备遭到破坏，没有及时维护使学生直接被电击。生活中要对各个场所的用电设备加强管理，发现损坏要及时维修，要有专人负责管理。

学生在室内外活动时，要注意观察周围环境，及早发现潜伏的触电危机，互相提醒，及时上报，学会自我保护。

（二）学校安全用电制度

（1）电工在施工中要严格按照操作规程作业，确保人身安全。

（2）落实安全用电责任制。学校要对全校师生进行安全用电和节约用电宣传教育，电工要经常检查线路的负荷情况，防止电源超负荷引起火灾。如发生偷电或高功率用电的用户，要及时制止并向学校有关人员报告，以便及时处理。

（3）如发生供电故障，有关电工要负责及时维修，万一发生重大用电事故，要及时赶赴现场处理，并立即向学校有关上级汇报，以便采取措施，使损失控制到最低限度。

（4）明确责任，严处肇事者，如发生因失职而引起的用电事故，要追究有关电工的责任。

（5）每一位师生都要自觉遵守安全用电制度，严禁偷电，严禁使用电炉等各种高功率电器，严禁各种违章用电行为，严防事故发生。注意用电安全如图6-1所示。

（6）遇到校外电网运行故障造成的停电，或消防需要应及时启用校内发电设备。

图 6-1　注意用电安全

（三）学校节约用电制度

（1）尽量使用自然光照。各行政办公室、老师办公室、教室、宿舍、厕所、走廊等场所要充分利用自然光照，减少使用照明设备。走廊楼道等公共场所的照明设备要根据作息时间及时关闭，坚决杜绝"白昼灯"和"长明灯"现象。

（2）及时关闭电源。电脑、打印机、空调、电风扇、多媒体等电器在使用时要尽量减少待机消耗，离开时间较长或下班、休假时要及时关闭电源。

（3）学校应统一熄灯时间。节约用电如图6-2所示。

（4）各个办公场所、活动区域要找出负责人，由其来负责用电监督。

（5）学校静夜时间保安负责关闭除路灯之外的一切需要关闭的用电设备，并对全校的用电工作进行检查。

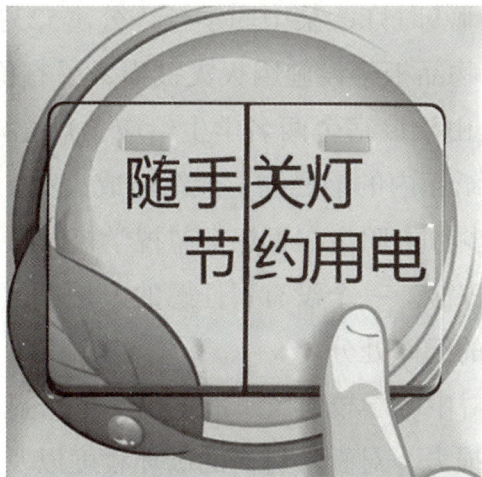

图 6-2　节约用电

（四）校园安全用电规定

（1）禁止学生在教室和宿舍私自接线，使用"热得快"烧水，在空调插座上取电，在宿舍、教室给应急灯充电和使用"暖手宝"，在教室插座上取电和空烧饮水器等。

（2）除学校统一安装的电器外，未经同意，任何人不得私自安装其他电器或改装原电器，禁止学生在宿舍更换大功率灯泡。

（3）严格按照电器使用办法来使用电器，特别要禁止学生私拆封条强行启动空调和违反程序操作教室电脑。如确实发现电器质量问题，应立即联系总务处，由专业人士维修。

（4）老师应以身作则，发挥榜样作用，坚决抵制"三无"电器和存在严重安全隐患的各类电器，特别是电热板。

（5）全体师生应爱护学校电器，按照使用说明正确操作，做到节约用电和充分利用资源相结合，应及时关闭电灯、饮水器、空调、电脑等。

（6）在学生宿舍、教室内违规使用电器，学校一经发现应立即予以制止，并没收电器，根据情况轻重对违规学生予以行政处分，包括取消住宿资格、空调使用资格、参加学校夜自习资格、各类优秀评比资格等，品德考核降级。如造成损失，该学生承担全部责任，所有处分直接影响班级考核。

（7）对发现违规用电情况，不制止、不处理、不举报，甚至纵容和包庇的人员，同样予以严肃处理。

2021年10月2日晚8时25分许，某中职学校一公寓301宿舍发生一起火灾事故，致使配置给该宿舍使用的箱子架、物品柜等设施因火灾被损，另有价值5 000余元的学生个人财物被烧毁。经查这起火灾事故是有学生违反学生宿舍管理制度，在宿舍内私自使用大功率电器而造成的（寝室当时无人）。具体原因是：插在主接线板的电热杯放在箱子架顶层，水烧干后自燃，并引燃临近的易燃品，如箱子架上所放的书籍、衣物、被子等，最终酿成火灾事故。再来看这则事故：2022年1月4日晚9时许，某中职学校一公寓523宿舍发生一起火灾事故，致使配置给该宿舍使用的长条桌、物品柜等设施因火灾被损，另有价值4 000余元的学生个人财物被烧毁。经查这起火灾事故是由于该宿舍两名学生给应急灯充电长达13个小时，宿舍当时无人，因蓄电池过热而引燃桌下纸箱内的易燃物，最终造成火灾。

从上面的案例可以看出，少数中职生在思想上忽视学校的防火安全制度，法律意识淡薄，造成了火灾事故，危害了公共安全。一个没有责任感的人是不可能有所作为的，上述案例中违纪的学生，都已受到学校严厉的纪律处分。

公安消防部门和国家教委对中职学校火灾事故的历年通报显示：近几年全国高中职学校所发生的火灾事故的数量、经济损失、对教学科研的破坏程度以及给师生员工造成的生活负担等方面，是逐年上升的。因此做好消防安全是保证中职学校稳定发展的一项重要工作。

各中职学校领导对安全预防工作十分重视，经常强调安全工作的重要性，要求不断提高师生的安全意识，加强安全管理的力度。

古训有"天下兴亡，匹夫有责"。防范火灾，保护我们共同的家园也是每一位师生员工的共同责任，让我们每个人都肩负起防火安全的责任，从思想上牢固树立消防安全意识。从自身做起，从现在做起，构筑一道防范火灾的钢铁长城，共同创造一个安全、稳定、和谐的学习、生活环境。

学生是国家的未来和希望。保护国家、人民和公共财产的安全，保护他人和自身的安全，已成为当代中职生的神圣权利和义务。了解、学习和掌握防火知识，协助学校做好防火工作，减少和杜绝火灾事故的发生，保障安全，是实现上述权利和义务的重要方面。

如果火灾不断，危及人身和财产安全，又怎能顺利完成中职期间的学习任务，继而担当起建设祖国的重任呢？因而，学习、掌握一些防火、用电的基本道理和常识，对于维护学校和学生个人的安全，是十分必要的。

（五）教室用电注意事项

学校应培养学生爱惜能源、有效使用能源的正确态度与习惯，以培养具有能源素养的现代化公民。

用电注意事项如下：

（1）自觉遵守安全用电规章制度，禁止私拉乱接电线。

（2）电灯线不要过长，灯头离地面应不小于2米。灯头应固定在一个地方，不要拉来拉去，以免损坏电线或灯头造成触电事故。

应随手关闭电源，各班班长或由专门的负责人在每天放学时详细检查。

（3）教室电源插座仅供教学使用，如老师所用的麦克风、投影机等教学用具，严禁学生私接用电（如收音机、吹风机、电话等）。

（4）加强节约用电，无须用电或照明的时间，各班应节约能源，关闭电源，如课间、室外课或在专任教室上课，值日生应负责关闭教室的日光灯及风扇。

（5）专门教室用电应该在离开之前进行详细检查，并且关闭所有电源开关。各办公室空调应该在每日上午10点以后且室温超过28℃时才可打开，下午4时以后一律关闭。

（6）教室电风扇应节约使用，使用时须将教室所有窗户打开让空气流通，并且应以微风为宜，开强风比开弱风多用50%～60%的电力，教室如果只有一两位学生在时应关闭所有电风扇。

（7）走廊、楼梯、公共场所非必要时请勿打开电灯，请所有学生协助关闭，各班负责打扫的学生应该随时坚持。

（8）负责打扫厕所的班级，应该经常留意厕所电灯是否关闭。

（9）已损坏的灯管应在拆除后立即更换，闪烁灯管更为费电。

（10）发现落地的电线，应离开10米以外，更不要用手去拾。同时，要设法看护落地电线，并请电工来处理，以防他人走近而发生触电事故。

（11）电器试用前应对照说明书，将所有开关、按钮都置于原始停机位置，然后按说明书要求的开停操作顺序操作。如果有运动部件如摇头风扇，应事先考虑足够的运动空间。

（12）电器通电后发现冒火花、冒烟或有烧焦味等异常情况时，应立即停机并切断电源，进行检查。

（13）移动电器时一定要切断电源，以防触电。

（14）禁止用湿手接触带电的开关；禁止用湿手拔、插电源插头；拔、插电源插头时手指不得接触触头的金属部分；也不能用湿手更换电器元件或灯泡、灯管等。不要违规用电如图6-3所示。

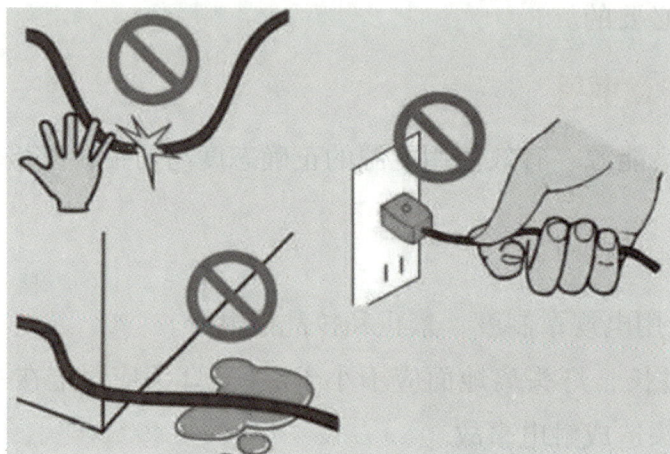

图6-3　不要违规用电

随着人们的生活质量不断提高，各式各样的家用电器及设备进入了我们的家庭和生活，正确地用电与预防电击伤害对我们十分重要。加强教室及宿舍用电设施的管理，不乱接电线，不乱用电器等设备，规范手机充电，做到防患于未然。如若因用电发生火灾，不要惊慌失措，在未切断电源的情况下不允许用水或泡沫灭火器灭火，用它们灭火，将会造成触电事故，要用干粉、二氧化碳、砂子等实施扑救。不乱接电线如图6-4所示。

图6-4　不乱接电线

二、触电的急救

当人体触电以后，可能由于痉挛或失去知觉等原因而紧抓带电体，不能自己摆脱电源。此时，抢救的首要步骤就是使触电者尽快脱离电源。

（1）如果触电地点附近有电源开关或电源插销等，可立即拉开开关或拔出插销，断开电源。若触电地点附件没有电源开关或电源插销，可用有绝缘柄的电工钳切断电线，断开电源。

（2）当电线搭落在触电者身上或被压在身下时，可用干燥的衣服、手套、绳索、木板、木棒等绝缘物作为工具，拉开触电者或拉开电线。

（一）触电者脱离电源后的抢救

（1）如果触电者的伤害并不严重，没有失去知觉，神志清醒，只是感到有些心慌、乏力、四肢发麻，应使触电者立即休息。

（2）如果触电者还能呼吸，心脏尚跳动，但已失去知觉，应让伤者休息，将衣服松开，以便使其呼吸畅通。同时，应加强观察，以防情况发生变化。

（3）如果触电者伤势比较严重，已停止了呼吸，心脏微有跳动，应立即进行人工呼吸。

无论何种情况，都应及时与医院联系，使触电者得到及时抢救。

（二）防触电措施

（1）学习用电常识，安全使用电器。认识了解电源总开关，学会在紧急情况下关断总电源。

（2）不用手或导电物（如铁丝、钉子、别针等金属制品）去接触、探试电源插座内部。不用湿手触摸电器，不用湿布擦拭电器。

（3）发现有人触电要设法及时关断电源，或者用干燥的木棍等物将触电者与带电的电器分开，不要用手去直接救人，如图6-5所示。

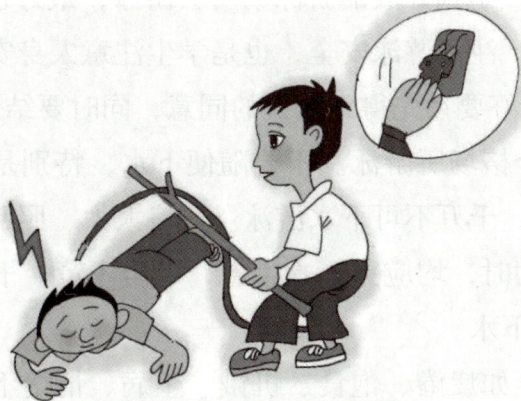

图 6-5　不要用手去直接救人

（4）电器使用完毕后应拔掉电源插头；插拔电源插头时不要用力拉拽电线，以防止电线的绝缘层受损造成触电；电线的绝缘层剥落，要及时更换新线或者用绝缘胶布包好。

（5）不随意拆卸或安装电源线路、插座、插头等。

单元二　游泳安全

一、游泳的安全措施

游泳是一项非常有益的体育运动，但同时风险较高，若掉以轻心，则很可能发生溺水事故。因此，游泳的安全问题必须引起高度重视。

游泳的场所大致可以分为两类，一类是人工修建的游泳池（馆），另一类则是江、河、湖、海等自然水域。一般情况下，人工游泳场所水情稳定，又有专人管理，安全上更有保障；自然水域受天气、水流和水下生物等的影响，对自我保护的能力要求会更高一些。但无论是人工水域还是自然水域，患有心脏病、高血压等疾病的人都需慎入。

游泳是在水这种特殊环境中运动，应加强对游泳者的安全教育，使其了解游泳的安全卫生知识，掌握科学锻炼的方法，以防止意外事故的发生。

初学者怕呛水、怕淹水的恐惧心理占第一位，如果不熟悉水性，很容易呛水或手忙脚乱失去平衡，以致出现溺水而危及生命。有的人虽然掌握了一定的游泳技术，但因准备活动不充分、身体不适等而出现各种意外事故，所以去游泳的人一定要结伴而行。进行游泳教学或开展群众性游泳活动时，必须把安全摆在首位，认真考虑并落实安全措施。

二、游泳需注意的事项

游泳是一项有益身心的体育运动，但存在一定危险，如有不慎可能发生事故。特别是不要到未开放的水域去游泳，即便是到开放的游泳场所去游泳，最好也要结伴而行。近年来，接连发生学生游泳溺水死亡事故，注意游泳安全，也是学生注意人身安全的一部分。

（1）在亲近河流之前最好要预先得到家人的同意，同时要结伴以便互相照顾。

（2）要在有救生员及合格场所游泳。不要随便下水，特别是野外。设有"禁止游泳或水深危险"等警告标语之水域，千万不可下水游泳。风浪太大、照明不佳也不要游泳。

（3）从事任何水上活动时，均应穿上救生衣，以防不策。下水的装备要带全，一定要戴泳镜。不穿着牛仔裤或长裤下水。

（4）身心状况欠佳时，如疲倦、饱食、饥饿、生病、情绪不好以及酗酒后均不宜嬉水。有开放性伤口、皮肤病、眼疾不宜游泳，特别是心脏病和传染病患者千万不要游泳。

（5）不明河流地形或水深处均不宜跳水。水浅、人多不可跳水。潜水技术欠佳者，不可贸然潜入深水，以免发生生命危险。

（6）切勿到不明地形的水域、河流、水塘、水坑等游泳、嬉水，以免发生危险。水温太低、太凉不宜游泳，游泳前要在陆上做好准备活动，以免因冷水刺激而发生肌肉抽筋。水中切忌慌、乱，如遇抽筋请保持冷静，改用仰漂。

（7）谨防河流的暗流漩涡。如果水底状况不明，贸然下水或无视偌大水域隐藏的种种危险，很可能要付出极大的代价。

（8）游泳时禁止与同伴开玩笑，特别是泳技不高者不要与同伴在水中开玩笑。

（9）平日有机会就参加心肺复苏训练及水中自救训练。如遇到危险情况，首先要保持冷静，可大声呼救及自救解脱。

（10）如遇人溺水，可一面大声呼救一面利用竹竿、树枝、绳索、衣服或漂浮物抢救。没有把握不应下水救人，不熟悉救生技术者，不要妄自赴救。

（11）不要独自一人外出游泳，要选择好的游泳场所，对场所的环境，如该水库、浴场是否卫生，水下是否平坦，有无暗礁、暗流、杂草，水场的深浅等情况要了解清楚。

（12）必须在老师或熟悉水性的人的带领下去游泳。如果集体组织外出游泳，下水前后都要清点人数，并指定救生员进行安全保护。

（13）下水前要做好准备活动，先活动活动身体，如水温太低应先在浅水处用水淋洗身体，待适应水温后再下水游泳。

游泳在时下已经成为人们喜爱的运动项目之一，如图6-6所示。游泳的时节也已经不再局限于夏季，在冬季也可以游泳，有的人喜欢户外冬泳，有的人选择去游泳馆游泳。游泳不仅可以锻炼身体，还能够舒缓身心。但是游泳也存在着很多的安全隐患，每年因游泳玩水而溺水身亡的人数逐步增加，这需要人们时刻加以警惕，树立安全意识。

图6-6 游泳

青少年游泳时应要慎重选择游泳场所，不要到江河、湖泊去游泳。要选择在有安全保障的游泳区内进行游泳。严禁在非游泳区内游泳。非游泳区可能存在危险的"陷阱"，或是水流湍急，或水下杂草丛生，或水底地形复杂，这些都是非常危险的区域。

参加游泳的人要求必须身体健康，患有下列疾病的学生不能参加游泳：心脏病、高血压、癫痫、严重关节炎、肺结核、中耳炎、皮肤病、严重沙眼以及各种传染疾性病。

青少年参加游泳应结伴集体进行活动，并且最好在有成年人带领的情况下，不可单独游泳。游泳时间不宜过长，每20～30分钟应上岸休息一会儿，每一次游泳的时间不应超过2小时。

下水前要做好全身准备活动，充分活动各关节，放松肌肉，以免下水后发生抽筋、扭伤等事故。如果发生抽筋，要镇静，不要慌乱，边呼喊边自救。常见的是小腿抽筋，这时应做仰泳姿势，用手扳住脚趾，小腿用力前蹬，奋力向浅水区或岸边靠近。

此外，游泳前还应用少量冷水冲洗一下躯干和四肢，使身体尽快适应水温。

青少年不宜在太凉的水中游泳，如感觉水温与体温相差较大时，应慢慢入水，边走边搓身体，慢慢适应，并尽量减少下水次数，以降低冷水对于身体的刺激。饱食或饥饿时，剧烈运动和繁重劳动后都不要进行游泳活动。

青少年对于外界的抵抗力较小，一般情况下不要跳水，可以在水中和同学一起玩抛水球的游戏，但不能够打闹，或者搞恶作剧，更不能在水中下压同伴、深拉同伴，这样都容易发生溺水现象。

在露天游泳时，若遇到暴雨，要立刻上岸，不要在水中逗留，此时的情况是很危险的，应该到安全的地方躲避风雨。

如果对水下情况不明时，不要轻易跳水，以免发生事故。若是发现有人溺水，不要贸然下水营救，应大声呼唤成年人前来相助，如图6-7所示。

图6-7　寻求帮助

单元三　抵制毒品侵害

一、毒品的概念

关于毒品的定义，世界各国尚无统一标准。一般而言，毒品是指那些被非法滥用、能使人形成瘾癖的物质。《中华人民共和国刑法》（以下简称《刑法》）第三百五十七条第一款规定："本法所称的毒品，是指鸦片、海洛因、甲基苯丙胺（冰毒）、吗啡、大麻、可卡因以及国家规定管制的其他能够使人形成瘾癖的麻醉药品和精神药品。"2007年12月29日第十届全国人民代表大会常务委员会第三十一次会议通过的《中华人民共和国禁毒法》（以下简称《禁毒法》）又对此概念作了诠释。

考虑到世界上大多数国家目前尚未在法律上将烟、酒及某些挥发性有机溶剂认定为毒品（尽管它们同样对人体有害，且具有成瘾性），因此，通常所说的毒品仅限于麻醉药品和精神药品。毒品概念关键词为"非法使用"、形成"瘾癖"、"麻醉药品和精神药品"，其中"非法使用"最为重要，起着毒品的法律界定作用，所有具有成瘾性的麻醉药品和精神药品只有在非法使用时才称为毒品。后两个关键词反映了毒品的特点及范围。按照现行《麻醉药品和精神药品管理条例》规定，麻醉药品是指连续使用后易产生生理依赖性，能成瘾癖的药品。按照《麻醉药品和精神药品管理条例》规定，精神药品是指直接作用于中枢神经系统，使之兴奋或抑制，连续使用能产生精神依赖性的药品。在医学上，生理依赖性和精神依赖性统称为依赖性。

从上述内容可以看出，我国的毒品概念具有法律和医学双重属性，也可以这样理解，我国的毒品是指法律明文管制的致依赖性药品。这一规定是参照联合国有关禁毒公约的规定和我国近年来打击毒品犯罪、戒毒治疗的实际情况确定的，它界定了毒品与非毒品的区别，指出了毒品的本质特征。所以，中职生一定要远离毒品，如图6-8所示。

图6-8　对毒品说"不"

二、抵制毒品侵害

（一）慎重交友

中国有句古话，"近朱者赤，近墨者黑"。一些青少年在交友时良莠不分，在所谓的讲"哥们""姐们"义气，虚荣心的驱使和同伴的影响下，很容易沾染毒品。所以学生要慎交朋友，遵循交友原则，千万不要盲目从众。

社会学上认为同辈群体在青少年的社会化过程中发挥着非常重要的作用，在与同辈群体频繁的互动中，青少年极容易习得其他成员的价值观还有行为方式。同辈群体的亚文化以及非正式的制约力都会对青少年形成非常大的压力，让青少年服从同辈群体的行为规范。如果自己身边有一群吸毒的朋友，那吸毒就会成为行为规范，如果你不吸毒就会和他们无话可说，被他们排斥。这种情况下，如果不服从就会脱离这个群体，可惜的是，很多青少年都会选择吸毒。因此，青少年一定要慎重地结交朋友，遇到吸毒的朋友一定要远离。让青春远离毒品如图6-9所示。

图6-9　让青春远离毒品

（二）摒绝不良嗜好

大多数吸毒者是从吸烟、喝酒走向毒品滥用的。这些人为了追求更大的感官刺激，吸毒数量越来越大，频率越来越高，最终走上吸毒的不归路！拒毒的最基本方法就是要自始摒绝不良嗜好。

（三）善用好奇心，切勿以身试毒

毒品所造成的心理依赖非常可怕，吸毒者在强制隔离戒毒所2年，生理毒瘾早已戒除，但"心瘾"难除，往往一出戒毒所又情不自禁。因此千万不要出于好奇心，或自认"意志过人""绝对不会上瘾"而以身试毒。

（四）尊重自我，坚决拒毒

毒品所伤害的是自己的健康、生命与尊严。尊重自我是对自己的生命负责，千万不要碍于情面或讲求朋友义气而接受朋友的引诱与怂恿，如图6-10所示。

图 6-10　青少年坚决拒绝毒品

（五）寻求正确的情绪疏解方法

人生不如意十之八九，每个人都难免会遇到情绪低落、苦闷沮丧的情形，这时当然需要疏解、宣泄，但是应该寻求正当健康的疏解方法。如因一时空虚就靠毒品来疏解，反而会沉沦于毒品之中不能自拔。

（六）树立正确的用药观念

健康的身体、饱满的精神，必须依靠适当的营养、运动与休息。当身体生病时，必须去正规医院求医问药，不能胡乱吃药，更不能用毒品来提振精神或治疗病痛。

（七）远离是非场所

KTV、网吧及地下酒家、舞厅、私人会所等场所，是吸毒者和贩毒者经常出没的地方，贩毒者往往不择手段地在这些场所设下陷阱，引诱或威胁青少年吸食毒品。

（八）对陌生人保持警惕

毒品不会从天而降，通常都是经由毒贩设陷阱传送。应随时提高警惕，在不熟悉的场所中，不要随意接受他人送的饮料或香烟等，以确保自身安全。

（九）了解相关政策

了解国家禁毒的方针政策，认识到抵制毒品是关系到子孙后代健康幸福的大事，是关系到民族兴旺和国家繁荣昌盛的大事，要做到"热爱生命、远离毒品"。

小知识

用电安全顺口溜

安全用电要牢记，家家万事利；

湿手不要摸电器，保持干燥要牢记；

雷雨天气拔插头，保护电器不遗漏；

晾衣线绳和电线，保持距离莫搭连；

电线落地不要捡，保持距离防触电。

课后测试

1.为什么近年来中职生溺水事件呈上升趋势？

2.如何预防溺水事故的发生？

3.溺水的自救与施救方法有哪些？

4.如何在生活中预防触电？

5.如何抵制毒品的侵害？

模块七 公共安全

1.掌握暴雨和城市内涝发生时如何自救
2.明确极端高温天气的自救知识
3.了解如何进行地震自救
4.学会雷电天气的自救
5.掌握其他自然灾害的应对方式

导语

我们破坏了自然景观的美、自然动态的美和天籁的美。所以，我们违背大自然的结果是，自然灾害像是对人类破坏行为的惩罚。所以，我们非但不能强制自然，还要服从自然。

——佚名

案例引入

相信大家应该都有所了解，台风的破坏力丝毫不弱于地震和火山喷发。2020年7月18日，"威马逊"台风登陆我国海南省文昌市，登陆后的"威马逊"台风中心附近最大风力达到17级，速度约为60米/秒，可以说已经达到了台风的巅峰状态。17级台风究竟有多大？我们通常所说的风力，指的是风吹到物体上的力量大小。按照风力等级划分，一共可以分为18个等级，0级最小，17级最大。当然，风力是没有上限的，我们看到的17级台风，已经属于超大台风了。台风达到12级，就能够将一列火车吹翻。一旦风力达到17级，汽车在大风中宛如树叶般被吹走，破坏力极大。被17级台风光顾过的地方，差不多就是一片废墟。

这次超强台风对我国海南、广东和广西等地的59个县市区造成影响。"威马逊"台风给所到之处造成了巨大的经济损失。可以说，超强台风的破坏力丝毫不弱于一次大地震和火山喷发，正因为如此，超强台风也被世界各国认为是最严重的自然灾害之一。2022年7月2日，台风"暹芭"登陆广东、广西境内，并伴有大暴雨，好在最大风力只有8级，还没有达到超大台风的级别，并不会造成太大影响，但同样会影响当地居民的正常生活。

台风是自然界十大灾害之一，给人类生命、财产带来巨大危害。我国幅员辽阔、人口众多、气候条件复杂，又靠近太平洋台风多发区，因此应加强对台风的观测与预防。

单元一　暴雨和城市内涝自救

一、暴雨自救

暴雨具有强大的威力。暴雨来得快、雨势猛，尤其是大范围持续性暴雨和集中的特大暴雨。特大暴雨会引起山洪暴发、河流泛滥，不仅危害农作物、果树、林业和渔业，而且冲毁农舍和工农业设施，甚至造成人畜伤亡，造成严重的经济损失。

> **小知识**
>
> **宜宾暴雨**
>
> 2018年5月21日晚至22日，四川省宜宾市遭遇2018年首场区域性暴雨天气，雨情最严重的宜宾市长宁县最大降雨量达207.9毫米。22日下午，宜宾市应急办发布的最新情况显示，截至22日12时，大雨造成全市直接经济损失3 483.45万元，受灾人口逾12万人，所幸无人员伤亡。

二、暴雨及特大暴雨的含义

24小时内降水量50毫米或以上的强降雨称为暴雨。特大暴雨是一种灾害性天气，往往造成洪涝灾害和严重的水土流失。特别是一些地势低洼、地形闭塞的地区，雨水不能迅速宣泄，会造成严重的地质灾害，如图7-1所示。

图7-1　暴雨天气

三、暴雨预警信号

暴雨预警信号分四级，分别以蓝色、黄色、橙色、红色表示。

（一）暴雨蓝色预警信号

标准：12小时内降雨量将达50毫米以上，或者已达50毫米以上且降雨可能持续。

（二）暴雨黄色预警信号

标准：6小时内降雨量将达50毫米以上，或者已达50毫米以上且降雨可能持续。

（三）暴雨橙色预警信号

标准：3小时内降雨量将达50毫米以上，或者已达50毫米以上且降雨可能持续。

（四）暴雨红色预警信号

标准：3小时内降雨量将达100毫米以上，或者已达100毫米以上且降雨可能持续。

四、预防暴雨灾害的措施

（1）出行遇到暴雨时，路面最易形成大面积积水，此时多留意路面，防止跌入污水井、地坑沟渠等之中，特别是老人、儿童要注意观察四周有关警示标志，看到漩涡应及时绕开。

（2）开车的司机在行车过程中突遇暴雨，一定要当心路面污水井；走到立交桥下或隧道时如果积水过深，要尽量绕行，切莫强行通过，以免抛锚引起更大的损失。

（3）对地势低洼的居民房屋应及时因地制宜采取应对措施，如放置挡水板，堆砌土坝、沙袋等，以防雨水灌入室内。

（4）暴雨来临时如还在室外应找一个安全的地方避雨，如牢固的建筑物。如没有雷电尽量找地势较高的建筑物。

（5）地势低洼的地方积水较深，切莫冒险涉水，最好绕道而行。此时应远离建筑工地的临时围墙和其他围墙，也不要站在支架、广告牌旁边。

（6）在河道附近居住的居民要时刻留意河流水量，如发现河道涨水，要迅速组织人员撤离，切忌麻痹大意。

（7）如遇见电线触地，尤其是高压线路触地，应及时通知电力部门。

（8）行人避雨要远离高压线路、电器设备等危险区域。

（9）学校等教育机构要视情况放假或统一留校避洪，应及时通知家长学校的安排。

（10）如果不幸被水围困，无论是多少人，都应找基础较牢固的高地避难，利用一切办法向外求救。如不慎落入水中，要及时努力游到岸边高处地带，或抱紧一切可利用的漂浮物，等待救援。

五、城市内涝如何自救

城市内涝是指由于强降水或连续性降水超过城市排水能力致使城市内产生积水灾害的现象。要避免在低洼地带、山体滑坡威胁区域活动。要对房前屋后进行检查，留心附近地质变化，看是否有危险迹象。

（一）城市内涝易发生在哪些地方

城市内涝易发区域有低洼地区、下凹式立交桥、地下轨道交通、地下商场与车库等地下空间、危旧房、地下室以及在建工地等。

在户外遭遇城市内涝时如何避险？

（1）户外遭遇城市内涝灾害时，首要是就近选择地势较高、交通较方便及卫生条件较好的避难所，如学校、医院等。

（2）户外避险，切记远离电线杆、高塔、广告牌等，以防意外发生。

（3）行走时要注意观察，注意路边防汛安全警示标志，尽量贴近建筑物，不要靠近有漩涡的地方，防止跌入缺失井箅的水井、地坑等危险区域。

（4）行车时，在陌生路段遇积水，前方又无参考车辆时，绝不可贸然涉水，在积水不深的熟悉路段，应稳住油门，低速通过，行车途中一旦熄火，应及时弃车至安全区域避险。

（二）城市内涝时进行自救

（1）如能提前数小时收到暴雨预报、预警等消息，迅速自制一个应急包，包括少量高热量食物，如巧克力、饮用水、常用医药等，并保存好可用作发求救信号的哨子、手电筒等。

（2）如已被困在房子里，应第一时间向结实的楼房顶等高处转移，等待救援。

（3）一旦室外积水漫入屋内，在往高处避险前应立即关闭煤气阀、电源总开关等，以防触电。

（4）尽可能避免空腹逃生，补充些食物、热饮再跑，以保障等待救援时的体力。

（5）充分利用平时准备的救生器材，并注意收集木盆、木桶、门板等遇水能浮起来的东西以作为简易逃生工具。

单元二　极端高温天气自救

强热辐射的高温天气会引起人体的体温调节系统出现功能紊乱而导致中暑。

在现实生活中，如果感到头痛、头晕、眼花、胸闷、心慌、烦躁等症状，可能就是中暑。中暑一般可分为先兆中暑、轻度中暑、重度中暑三类。先兆中暑，主要表现为头晕、恶心、胸闷、心慌、出汗多、四肢无力等症状，是中暑的苗头，体温正常或略有升高，但一般不超过37.5℃，如能及时离开高热环境，经短时间休息后症状即可消失。轻度中暑，是在先兆中暑的基础上，出现面色苍白、呕吐、皮肤湿冷、血压下降等症状，体温继续升高，但经常规处理、治疗后，一般在4～5小时可恢复正常。重度中暑，常为高热、晕厥、头痛、抽搐、脱水或呼吸急促、意识不清等症状，皮肤灼热而绯红，体温超过39℃，甚至会突然昏迷，危及生命，如图7-2所示。

图7-2　中暑

有几类人容易中暑，年老体弱者，孕产妇、婴儿、儿童和心脏病、高血压等心血管病、糖尿病、感染性疾病患者以及身体素质较差或营养不良的人，工作或运动强度过大的人，过度疲劳的人。

防暑工作做好了，极端高温天气自救就做好了一半。防暑方法主要有以下几个方面：

一、饮食方面

饮食不宜过于清淡，夏天人体出汗多，营养消耗大，水分挥发多，要补充足够的蛋白质，适当多吃些鸡、鸭、瘦肉、鱼、蛋、奶和豆类等营养食品，少吃高油高脂食物，还应多吃些水分含量较高的时令新鲜果蔬，如苦瓜、黄瓜、菠菜、西红柿、甜瓜、西瓜、桃子、梨等，以满足人体代谢需要。还要注意及时补充水分，多喝开水或适当喝一些盐水（高血压等患者避免），少喝果汁、汽水等饮料，不宜等渴了再喝水（那时身体已是缺水状态）或口渴后狂饮，不能大量喝冷饮，否则会影响到身体各系统功能的正常运行；饮酒不宜过量，特别是白酒，更会助热生湿，容易中暑。

二、睡眠方面

高温天气体力消耗大，易感疲劳，充足的睡眠有助于预防中暑；但午睡时间不宜过长，最好30分钟至1小时，否则大脑神经受到抑制，醒后感觉更加困倦或头疼。睡眠时不要直对着空调出风口和电风扇，以防冷风直吹人体导致"空调病"或"风扇病"。

三、劳作运动方面

要减轻劳作或运动强度，避开一天中气温较高的时间段进行户外劳动、工作或者运动。用人单位要严格落实防暑降温有关规定，尽可能避开高温天气的酷热时段，采取科学合理安排工作时间、轮换作业、适当增加高温工作环境下劳动者的休息时间和减轻劳动强度、减少高温时段室外作业等措施，改善工作、生产条件，缩短劳动者连续作业时间，不得安排室外露天作业劳动者加班；要向劳动者提供必要的劳动保护用品、防暑降温饮料、保健用品及必需药品；劳动者要做好自身防护工作，多喝水和防暑饮料，及时补充水分。体育运动强度要适当，运动量循序渐进地增加，避免在最热的时间段运动，可选择气温较低的早晨或傍晚进行运动，不要在封闭、通风不良、潮湿的室内运动。

四、外出做好防护

出门前要备好防晒用品用具，最好不要在10点至16点时段且烈日下外出行走；若此时段非要外出，要做好防晒措施，如涂抹防晒霜、戴遮阳帽、戴太阳镜、打遮阳伞等，携带充足的水和防暑降温药品，如仁丹、清凉油、风油精、十滴水、六一散、藿香正气水、金银花露等；外出时尽量选穿棉、麻、丝等种类的衣服，便于出汗时能及时散热。

此外，从高热环境到比较低温的室内后，忌"快速冷却"，即不要立即对着空调或风扇直吹人体，也不要立即冲洗冷水澡，否则会使体内热量难以散发，脑部血管迅速收缩引起大脑供血不足，产生头晕目眩。使用空调时，室内外温差以不超过5℃为宜，温度最好调至不低于26℃。

中暑急救方法：一旦发生中暑，中暑者应立即停止手上的工作，迅速离开高温环境，到附近比较阴凉、干燥且通风处休息，同时补充水分，如喝些开水、矿泉水或者淡盐水、绿豆汤等含盐分的清凉饮料（高血压等患者忌），或服用仁丹、十滴水、藿香正气水等口服补液，达到降低身体温度和补充血容量之效果；重者要平躺，解开衣领、领带、衣扣等，若衣物潮湿、紧致要立即解除，以便加快散热；也可以进行物理降温，在太阳穴涂抹清凉油、风油精，用湿冷毛巾擦拭或冰袋冷敷头部、颈部、腋窝和大腿根部等处，或用30%酒精擦浴、擦拭直至皮肤发红，促进散热；或使用电风扇进行散热，但千万不要把电风扇直接对着患者吹。若症状没有减轻，出现重度中暑或昏迷，要迅速及时送往医疗机构救治或立即拨打急救电话120。

单元三　地震自救

一、地震概述

地震被称为所有自然灾害中的"头号杀手"，是一种危害性极大的灾害。广义地说，地震是地球表层的震动；狭义而言，人们平时所说的地震是指能够形成灾害的天然地震，指地下岩层受应力作用颤动，从而产生破裂造成的地面震动。它的表现形式是大地（地壳）的快速而剧烈的颤动。

地球上每年约发生500多万次地震，不过，它们之中绝大多数太小或离人们太远，人们感觉不到。真正能对人类造成严重危害的地震，全世界每年有一二十次；能造成唐山、汶川这样特别严重灾害的地震，每年有一两次。

二、地震发生后的自救

无论有无救援人员到达，灾民自救与互救都是不可缺少的救生措施。被倒塌建筑物压埋的人只要神志清醒，身体没有重大创伤，都应该坚定获救的信心，妥善保护好自己，积极实施自救。

人们感觉不到的地震，必须用地震仪才能记录下来，不同类型的地震仪能记录不同强度、不同远近的地震。世界上运转着数以千计的各种地震仪器日夜监测着地震的动向。作为大学生，我们很有必要了解有关地震的知识，具备一定应对能力。

（一）自救

（1）住在平房的人员遇到地震时，如室外空旷，应迅速头顶保护物跑到屋外；来不及跑时可躲在坚固的家具旁，并用湿毛巾或者衣物捂住口鼻防尘防烟。

（2）住在楼房的人员，应选择厨房、卫生间等开间小的空间避震；也可以躲在内墙根、墙角、坚固的家具旁等易于形成三角空间的地方；要远离外墙、门窗和阳台；不要使用电梯，更不能跳楼；尽快关闭电源、火源，如图7-3所示。

（3）正在教室上课时，要在教师的指挥下迅速抱头、闭眼、躲在各自的课桌下，如图7-4所示。在操场或室外时，可原地不动蹲下，双手保护头部，注意避开高大建筑物或危险物，不要回到教室去；必要时应在室外上课。

图 7-3　关闭火源

图 7-4　躲在课桌下

（4）正在公共场所时，听从现场工作人员的指挥，不要慌乱，不要拥向门口，要避开人流，避免被挤到墙壁或栅栏处。

（5）正在城市内活动时，应注意保护头部，迅速跑到空旷场地蹲下；尽量避开高大建筑物、立交桥，远离高压电线及化学、煤气等工厂或设施。

（6）正在野外活动时，应尽量避开山脚、陡崖，以防滚石和滑坡以及高大的树木倒下，如图7-5所示。如遇山崩，要向远离滚石前进方向的两侧逃生。

图 7-5　远离高大的树木

（7）正在海边游玩时，应尽量远离海边，以防地震引起海啸。

（8）在行驶的汽（电）车内，要抓牢扶手，以免摔倒或碰伤；降低重心，躲在座位附近；地震过去后再下车。

（9）正在驾车行驶时，应迅速躲开立交桥、陡崖、电线杆等，并尽快选择空旷处停车，如图7-6所示。

图 7-6 车辆尽快停车

（二）地震时发生特殊危险怎么办

（1）**燃气泄漏时**：用湿毛巾捂住口鼻，千万不要使用明火，震后设法转移。

（2）**遇到火灾时**：趴在地上，用湿毛巾捂住口鼻。地震停止后向安全地方转移，要匍匐、逆风而进。

（3）**毒气泄漏时**：遇到化工厂着火、毒气泄漏，不要向顺风方向跑，要绕到上风方向去，并尽量用湿毛巾捂住口鼻。

（三）地震时被埋压怎么办

（1）搬开身边可移动的碎砖瓦等杂物，尽可能用湿毛巾等捂住口鼻防尘、防烟，如图7-7所示。搬不动时千万不要勉强，防止周围杂物进一步倒塌。

图 7-7 捂住口鼻

（2）设法用砖石等支撑上方不稳的重物，保护自己的生存空间，以防余震时再次被埋压。

（3）不要随便动用室内设施，包括电源、水源等，也不要使用明火。

（4）用石块或铁器等敲击物体与外界联系，不要大声呼救，注意保存体力。

（四）地震发生后如何救助他人

（1）应注意搜寻被困人员的呼喊、呻吟和敲击器物的声音。

（2）挖掘被埋压人员时应保护支撑物，以防进一步倒塌伤人。

（3）不可使用利器刨挖，以免伤人。

（4）找到被埋压者时，应使伤者先暴露头部，清除其口鼻内异物，使其保持呼吸通畅。

（5）被压者不能自行爬出时，不可生拉硬扯，以免造成进一步受伤。

（6）当发现一时无法救出存活者，应立下标记，以待救援。

单元四　雷电天气自救

一、雷电的危害

雷电产生之后会向地表延伸，其中一些较长的雷电就有可能击中地面突起的部分，如高楼顶部、树木等。雷电通过的细长路径温度在1.7万℃～2.8万℃，太阳表面的温度约为6 000℃，家用的煤气燃烧时温度是1 400℃、天然气是2 000℃。在温度这么高的雷电面前，绝缘体之类的全都无用，被雷电击中的人会被烧焦。

（一）火灾和爆炸

直击雷闪放电的高温电弧、二次放电、巨大的雷电流、球雷侵入可直接引起火灾和爆炸；冲击电压击穿电气设备的绝缘部分等破坏可间接引起火灾和爆炸。

（二）触电

积云直接对人体放电、二次放电、球雷打击、雷电流产生的接触电压和跨步电压可直接使人触电；电气设备的绝缘部分因雷击而损坏也可使人遭到电击。

（三）设备和设施毁坏

雷击产生的高电压、大电流伴随的汽化力、静电力、电磁力可毁坏重要电气装置和建筑物及其他设施。

（四）大规模停电

电力设备或电力线路破坏后，即可能导致大规模停电。

二、如何自救

雷雨是空气在极端不稳定状况下，所产生的剧烈天气现象，它常挟带强风、暴雨、闪电、雷击，甚至伴随有冰雹或龙卷风出现，因此往往可造成灾害。那么雷雨天气发生时的注意事项有哪些？我们特别提醒在户外应遵守以下雷雨天气二十个注意事项，以确保安全。

（1）雷雨天气时，不要停留在高楼平台上，在户外空旷处不宜进入孤立的棚屋、岗亭等。

（2）远离建筑物外露的水管、煤气管等金属物体及电力设备。

（3）不宜在大树下躲避雷雨，如万不得已，则须与树干保持3米距离，下蹲并双腿靠拢。不要站在树下如图7-8所示。

图 7-8　不要站在树下

（4）如果在雷电交加时，头、颈、手处有蚂蚁爬走感，头发竖起，说明即将发生雷击，应赶紧趴在地上，这样可以减少遭雷击的危险，并拿走身上佩戴的金属饰品和发卡、项链等。

（5）如果在户外遭遇雷雨，来不及离开高大物体时，应马上找些干燥的绝缘物放在地上，并将双脚合拢在上面，切勿将脚放在绝缘物以外的地面上，因为水能导电。

（6）在户外躲避雷雨时，应注意不要用手撑地，应双手抱膝，胸口紧贴膝盖，尽量低下头，因为头部较之身体其他部位最易遭到雷击。

（7）当在户外看见闪电几秒钟内就听见雷声时，说明正处于近雷暴的危险环境，此时应停止行走，两脚并拢并立即下蹲，不要与人拉在一起，最好使用塑料雨具、雨衣等。

（8）在雷雨天气中，不宜在旷野中打伞；不宜进行户外球类运动，雷暴天气进行高尔夫球、足球等运动是非常危险的；不宜在水面和水边停留；不宜在河边洗衣服、钓鱼、游泳、玩耍。

（9）在雷雨天气中，不宜快速开摩托、快骑自行车和在雨中狂奔，因为身体的跨步越大，电压就越大，也越容易伤人。

（10）如果在户外看到高压线遭雷击断裂，此时应提高警惕，因为高压线断点附近存在跨步电压，身处附近的人此时千万不要跑动，而应双脚并拢，跳离现场。

（11）雷雨闪电时，不要拨打接听电话，要关闭手机，因电话线和手机的电磁波会引入雷电伤人。

（12）雷雨闪电时，不要开电视机、电脑、DVD机等，应拔掉一切电源插头，以免伤人及损坏电器。

（13）不要站在电灯泡下，不要冲凉洗澡。

（14）尽量不要出门，若必须外出，最好穿胶鞋、披雨衣，可起到对雷电的绝缘作用。

（15）尽量不要开门、开窗，防止雷电直击室内。

（16）乘坐汽车等遇到打雷闪电，不要将头手伸出窗外。

（17）在雷阵雨较大时，要远离树木，尽量不要大跨步跑动，可以选择建筑物躲雨，但不宜选择车内躲雨。

（18）不要把晾晒衣服被褥的铁丝拉接到窗户及门上。

（19）不要穿戴湿的衣服、帽子、鞋子等在大雷雨下走动。对突来雷电，应立即下蹲降低自己的高度，同时将双脚并拢，以减少跨步电压带来的危害。

（20）闪电打雷时，不要接近一切电力设施，如高压电线、变压电器等。

单元五　其他自然灾害应对

一、自然灾害知识

（一）自然灾害简介

自然灾害是指给人类生存带来危害或损害人类生活环境的自然现象，包括干旱、洪涝、台风、冰雹、暴雪、沙尘暴等气象灾害，火山、地震、山体崩塌、滑坡、泥石流等地质灾害，风暴潮、海啸等海洋灾害，森林草原火灾和重大生物灾害等，如图7-9所示。

图7-9　自然灾害类型

自然灾害系统是由孕灾环境、致灾因子和承灾体共同组成的地球表层变异系统，灾情是这个系统中各子系统相互作用的结果。

自然灾害是人类依赖的自然界中所发生的异常现象，且对人类社会造成危害的现象和事件。它们之中既有地震、火山爆发、泥石流、海啸、台风、龙卷风、洪水等突发性灾害；也有地面沉降、土地沙漠化、干旱、海岸线变化等在较长时间中才能逐渐显现的渐变性灾害；还有臭氧层变化、水体污染、水土流失、酸雨等人类活动导致的环境灾害。这些自然灾害和环境破坏之间又有着复杂的相互联系。人类要从科学的意义上认识这些灾害的发生发展以及尽可能减小它们所造成的危害。

自然灾害的形成必须具备两个条件：一是要有人类破坏自然，导致自然异变作为诱因；二是要有受到损害的人、财产、资源作为承受灾害的客体。

世界范围内重大的突发性自然灾害包括旱灾、洪涝、台风、风暴潮、冻害、雹灾、海啸、地震、火山、滑坡、泥石流、森林火灾、农林病虫害、宇宙辐射、赤潮（极少出现，出现了也影响小）等。

中国国土空间上常见的自然灾害种类繁多，主要包括洪涝、干旱、台风、冰雹、暴雪、沙尘暴等气象灾害，火山、地震、山体崩塌、滑坡、泥石流等地质灾害，风暴潮、海啸等海洋灾害，森林草原火灾和重大生物灾害等。自然灾害是地理环境演化过程中的异常事件，成为阻碍人类社会发展的最重要的自然因素之一。

（一）自然灾害的形成与分类

灾害是对能够给人类和人类赖以生存的环境造成破坏性影响的事件总称。纵观人类的历史可以看出，灾害的发生原因主要有两个：一是自然变异，二是人为影响。因此，通常把以自然变异为主因的灾害称为自然灾害，如地震、风暴、海啸；将以人为影响为主因的灾害称为人为灾害，如人为引起的火灾、交通事故和酸雨等。

许多自然灾害，特别是等级高、强度大的自然灾害发生以后，常常诱发出一连串的其他灾害，这种现象叫灾害链。灾害链中最早发生的起作用的灾害称为原生灾害，而由原生灾害所诱导出来的灾害则称为次生灾害。自然灾害发生之后，破坏了人类生存的和谐条件，由此还可以衍生出一系列其他灾害，这些灾害泛称为衍生灾害。

当然，灾害的形成过程往往是很复杂的，有时候一种灾害可由几种灾因引起，或者一种灾害也会同时引起好几种不同的灾害。这时，灾害类型的确定就要根据起主导作用的灾因和其主要表现形式而定。

（二）自然灾害的特征

自然灾害的特征归结起来主要表现在六个方面。

（1）自然灾害具有广泛性与区域性。一方面，自然灾害的分布范围很广，不管是在海洋还是陆地，地上还是地下，城市还是农村，平原、丘陵还是山地、高原，都有可能发生。另一方面，自然地理环境的区域性又决定了自然灾害的区域性。

（2）自然灾害具有频繁性和不确定性，全世界每年发生的大大小小的自然灾害非常多。近几十年来，自然灾害的发生次数还呈现出增加的趋势，而自然灾害的发生时间、地点和规模等的不确定性，又在很大程度上增加了人们抵御自然灾害的难度。

（3）自然灾害具有一定的周期性和不重复性，在主要自然灾害中，无论是地震还是干旱、洪水，它们的发生都呈现出一定的周期性。

（4）自然灾害具有联系性。自然灾害的联系性表现在两个方面。一方面是区域之间具有联系性。比如，南美洲西海岸发生"厄尔尼诺"现象，有可能导致全球气象紊乱。另一方面是灾害之间具有联系性。某些自然灾害可以互为条件，形成灾害群或灾害链。例如，火山活动就是一个灾害群或灾害链。火山活动可以导致火山爆发、冰雪融化、泥石流、大气污染等一系列灾害。

（5）各种自然灾害所造成的危害具有严重性。例如，全球每年发生可记录的地震约500万次，其中有感地震约5万次，造成破坏的近千次，而里氏7级以上会造成惨重损失的强烈地震，每年约发生15次。干旱、洪涝两种灾害造成的经济损失也十分严重，全球每年可达数百亿美元，如图7-10所示。

图 7-10　地震

（6）自然灾害具有不可避免性和可减轻性。由于人与自然之间始终充满矛盾，只要地球在运动、物质在变化，自然灾害就不可避免。然而，充满智慧的人类可以在越来越广阔的范围内进行防灾减灾，通过采取避害趋利、除害兴利、化害为利、害中求利等措施，最大限度地减轻灾害损失。从这一点看，自然灾害具有减轻性。

二、如何应对自然灾害

（一）如何应对台风

（1）台风袭来时，应打开门窗，使室内外的气压得到平衡，以避免风力掀掉屋顶、吹倒墙壁。

（2）在室内，人应该保护好头部，面向墙壁蹲下。

（3）在野外遇到台风，应迅速向台风前进的相反方向或者侧向移动躲避。

（4）台风已经到达眼前时，应寻找低洼地势趴下，闭上口、眼，用双手、双臂保护头部，防止被飞来物砸伤。

（5）乘坐汽车遇到台风，应下车躲避，不要留在车内。

（6）应尽量躲在坚固的建筑物里，不要在大树、草棚或其他简易建筑物旁逗留，以防被砸伤。

（7）不要躲在广告牌或玻璃幕墙的大楼下，防止被倒塌的广告牌或脱落的玻璃伤害，如图7-11所示。

图 7-11　不要站在广告牌下

（8）行走应避开高层建筑，避免被高空坠物击伤，并注意来往车辆，防止发生交通事故。

（二）风灾及应对

大风除了有时会造成少量人口伤亡、失踪外，主要破坏房屋、车辆、船舶、树木、农作物及通信设施、电力设施等，由此造成的灾害为风灾。应对风灾时应该做到如下几点。

1. 在大风来临前

（1）要弄清楚自己所处的区域是否是大风将袭击的危险区域。

（2）要了解安全撤离的路径和政府提供的避风场所。

（3）要准备充足且不易腐坏的食品和水。

2. 大风到来时（当气象部门发布白色、绿色台风信号时）

（1）要经常留意电台、电视以了解最新的热带气旋动态。

（2）保养好家用交通工具，加足燃料，以备紧急转移。

（3）检查并加固活动房屋的固定物及其他危险部位；检查并且准备关好门窗。迎风面的门窗应加装防风板，以防玻璃破碎；常检查电力设施、设备和家用电器，注意炉火、煤气、液化气，以防火灾。

（4）检查电池、直流电收音机，并储备罐装食品、饮用水和药品；准备一定的现金。

（5）清扫屋外排水沟及屋顶排水孔，以防阻塞积水。

（6）居住在河边或低洼地带，应预防河水泛滥，及早撤离到较高地带；如果居住在移动房和海岸线上、小山上、山坡上等容易被洪水或泥石流冲垮的房屋里，要时刻准备撤离。

（7）屋外各种悬挂物体应立即取下或钉牢，并修剪树枝，以防暴风吹落伤人。

（8）风势突然停止时可能正处于台风眼时刻，不可贸然外出。确需行走时，应避开危险建筑、高层建筑与高层建筑之间的道路等。徒步者可穿雨衣，少使用雨伞；骑车者应下车步行，以免失去控制；开车者应减速慢行，注意加强观察，并避免将车辆停放在低地、桥梁上、路肩及树下，以防淹水、塌方或压损。

（9）遇有紧急情况，可拨打110、119、120等电话。

3. 当气象部门发布黄色、红色、黑色台风信号时

（1）听从学校和当地政府部门的安排。

（2）如需离开住所，要尽快离开，并且尽量和同学、老师在一起，到地势比较高的坚固房子里或到事先指定的安全地区。

（3）无论如何都要离开移动房屋、危房、简易棚、铁皮屋；不能靠在围墙旁避风，以免围墙被台风刮倒导致伤亡。

（4）把自己的撤离计划通知同学、老师和在警报区以外的家人或亲戚。

（5）千万不能为了赶时间而冒险蹚过水流湍急的河沟。

（6）特别需要警惕：

①旋转风。往往在台风中心附近，由于风力大且风向变化突然，其破坏力特强。

②"平静"的台风眼。陆地上往往在受强烈偏北风和暴雨袭击之后，会出现一片风平浪静、云开雨停，甚至蓝天星月"迷"人景象。这实际上是受台风眼影响，千万不要被这种暂时的现象迷惑而放松防护。当台风眼过去之后，风向可能突转180度，并且会很快达到甚至超过原先的强度。

切记：如果被通知撤离，就应立即执行。如果没有被通知离开房屋，那么就留在结构坚固的建筑物内，要计划好强风来临时，自己将怎样行动。要注意有效储存食品；拔掉宿舍的电源插头；在大的容器中充满水，以备清洁卫生需要。当外边的风变得越来强时，要远离门窗，关闭所有的内房间门，加固外门。如果在楼中居住，要待在一楼的内间。如果住的是多层楼房，要待在一楼或二楼的大堂内并且远离门窗，需要时躺在桌子下面或者坚固的物体下面。

4. 大风信号解除后

要坚持收听电台广播、收看电视，当撤离的地区宣布安全时，才可以返回该地区。为了保护生命安全，道路有可能被封锁，如果遇到路障或者是被洪水淹没的道路，要绕道而行。要避免走不坚固的桥；不要开车进入洪水暴发区域，要留在地面坚固的地方。那些静止的水域很可能因为地下电缆或者是垂下来的电线而具有导电性，也是要必须避开的。

要仔细检查煤气、水，以及电线线路的安全性，如发现故障，应通知相关部门检修。检查房屋结构是否损坏。在不能确定自来水是否被污染之时，不要喝自来水或者用它做饭。避免在房间内使用蜡烛或者有火焰的燃具，而要使用手电筒。在生命遇到危险时，要用电话求救。要及时打扫环境，排除积水，实施消毒，防止病害。

（三）如何应对泥石流

（1）立刻向河床两岸高处跑。

（2）向与泥石流成垂直方向的两边山坡高处爬。

（3）来不及奔跑时要就地抱住河岸上的树木。

（4）千万不要往泥石流的下游方向逃生，不要顺着泥石流方向奔跑，如图7-12所示。

图7-12　泥石流

小知识

地震三字经

地震来，忌外跑，三角地，就近找。家首先，卫生间；次安全，厨房间；第三名，承重墙；第四名，实木（铁制）床。办公室，君莫忘，最安全，电梯旁，混凝土，有保障；次安全，柱子旁，材质好，承重强；第三名，卫生间；第四名，桌椅旁，不近火，近水好，若被困，敲管道。

课后测试

1.雷电为什么会进入家中呢？

2.遇到雷电天气我们应该怎么办？

3.在野外遭遇暴雨灾害，我们应该怎么办？

4.暴雨造成的危害有哪些？

5.地震来临你会怎么做？

6.城市发生内涝你如何自救？

模块八 网络与信息安全

学习目标

1.掌握预防网络与电信诈骗知识

2.明确预防网络不良信息侵害知识

导语

害人之心不可有，防人之心不可无。

——［明］洪应明

案例引入

1.北京中职学校计算机专业的学生利用自己从网上下载的木马黑客软件，在网上搜索到一个IP地址，取得计算机信息，非法侵入该系统，盗取了某公司上网账号和密码，不仅自己使用，还在网上销售，给该公司造成巨大经济损失。

2.2021年10月底，香港富豪李某接连收到三封用英文写的电子邮件，向他勒索3亿港元，邮件发自武汉。此案发生后，公安部将其列为特急案件限期破案。武汉市公安局网监处迅速成立专案组，民警将追查对象锁定于在校学生，并走访了大量网吧，对嫌疑人进行画像。随后，民警对这两家网吧进行全天候秘密布控，并对经常出入网吧的学生进行详细调查。民警苦守十多天，最终在"天际网吧"将发邮件的人抓获。此人叫蔡某，落网时是武汉某大学三年级学生。

近年来，青少年违法犯罪，特别是违法犯罪的低龄化、职业化、残忍性等问题，屡屡引发社会关注。这其中既有网络隐秘性、犯罪成本低、获利空间大等原因，也有青少年尤其是未成年人身心不成熟、法律意识淡薄等因素。在各种不良因素驱使下，一些青少年被网络黑手"拉下水"，对他们自身、家庭和社会产生了深远的负面影响。

单元一 预防网络与电信诈骗

一、预防网络聊天诈骗

随着互联网的发展和普及，利用网络聊天进行诈骗的犯罪活动日益猖獗，上网聊天本是现代社会交友联络的好方式，有人却利用网络聊天进行诈骗。青少年要增强法律意识和自我保护意识，谨防受骗。

在网上聊天时，不可轻易相信网友承诺的约见，不要把自己家的网络、银行卡、信用卡账号和密码泄露给别人；不使用网吧的电脑进行网上购物、支付等操作；登录网上银行时，要注意核对网址，留意核对所登录的网址与协议书中的法定网址是否相符。对来历不明的短信或邮件提高警惕，如接到类似电话、短信或邮件可直接联系发卡银行进行确认。电信诈骗如图8-1所示。

图 8-1 电信诈骗

二、预防网络短信诈骗

网络短信诈骗就是诈骗者利用网络群发短信的便利条件进行诈骗活动。网络短信诈骗活动大致有如下形式：

（1）伪装成朋友的：

"××，我正在外出差，手机马上欠费了，帮我买张充值卡，卡号和密码用短信发给我。"

（2）以中奖作为幌子的：

"我是××公证处公证员××，恭喜你在××活动中中奖了，奖品是×××，价值×××万元，请你带着本人身份证和750元手续费去××处领奖。"中奖陷阱如图8-2所示。

图 8-2　中奖陷阱

（3）冒充通信运营商的：

"你好，移动通信公司现在将对您的手机进行线路检测，请您暂时关闭手机三个小时。"

（4）假装银行机构的：

"尊敬的××银行客户您好！因日前发生多起资料外泄取款卡遭复制盗领事件，为避免盗领，请立即与某金融相关单位联系，电话号码××××××。"

"×××您好！你的储蓄卡于××（多为商场或其他消费场所）刷卡消费×××元成功，此笔消费将从您账上扣除。如有疑问请拨××××××固定电话号码，询问该金融相关单位。"

三、预防网络广告诈骗

网络广告诈骗就是网络骗子为了自身利益发布的损害消费者利益的虚假、违法广告。从现状看，网络广告诈骗主要有以下几种表现形式。

（一）诱饵广告

诱饵广告即施动者对实际上不能进行交易的商品做出广告，或者对商品的数量、日期有显著限制而在广告中不予明示，以此引诱受动者前来购买，并鼓动其购买广告商品之外的商品。据报道，美国为了对付此类网上欺诈活动，其联邦贸易委员会还专门设立了一个网站，将欺诈性网站链接、输入其数据库中。

（二）虚假广告

虚假广告即广告施动者利用虚假的事实进行广告，以骗取受动者对其产品或服务的信任，从而成为购买其商品或服务的潜在客户。网络广告的诚信问题同样值得关注。网络广告由于市场准入门槛相对较低，所需成本也不高，互联网的草根性已然使得每个人发布广告成为可能，加上法律法规上的相对滞后，网络广告管理起来步履艰难。一些网站漠视法律、消费者利益，发布虚假内容广告，甚至从事法律禁止的内容宣传，给网络广告以及互联网的健康发展蒙上一层阴影，如图8-3所示。

图8-3 虚假广告

（三）滥用名人肖像的广告

名人的广告效应是显著的，而一些网站（尤其是中小型网站）一方面希望扩大自己的影响，以产生丰厚的经济效益，但另一方面又不愿或无力提供足够的资金，于是常常不经名人的同意，擅自对其肖像进行加工处理，制作成网页或Flash图片，以扩大自身的对外宣传。

（四）违反行业规定的广告

不同行业对各自的广告要求也不同，例如对药品和烟草的广告就有特殊要求，如果网络经营者未能根据法律对特定行业的特殊规定进行广告活动，则很可能构成违法广告。

网上有很多付费广告，一些个人网站就是靠这些广告收入维生。但是这些广告的点击率通常不高，于是这些网站的站长就把这些广告的链接改成某些吸引人的文字，以E-mail的形式发到你的信箱。你想看看这些链接到底是什么，那么就被骗去替他点击广告了。当然，这种损失还不算大，我们也不过是充当一次免费的劳动力，如果我们看了某些广告再继续去购买他们的产品的话，那么这个亏可能就要吃大了。

互联网的鲜明特色使得网络诈骗具有多发性、隐蔽性、强攻击性等特点，网络诈骗一旦发生，网民和社会管理者很难防范与应付，这就需要青少年时刻提高警惕，加强防范措施，最大限度地避免诈骗广告给自己带来损害。

（五）预防网络购物诈骗

"网络购物"因其快捷、时尚的特点，已被越来越多的人接受，人们只需移动鼠标、打个电话，就能轻轻松松得到自己心仪的产品。但青少年在网上购物应小心受骗。网购陷阱如图8-4所示。

网络购物风险重重，因此青少年在网上购物时一定要识别网络购物中的陷阱，提高安全防范意识。网络购物的安全

图8-4 网购陷阱

防范六大守则是：要对所购买的物品有所了解，包括目前市场的价格；核实网络卖家留下的信息；尽量去大型、知名、有信用制度和安全保障的购物网站购买，先货后款，收到货物后当面验货；谨慎对待卖方交付定金的要求；尽量不要使用公用的电脑进行购物、支付等操作，更不要轻易地将自己的网络账号、信用卡账号和密码泄露给陌生人；发现有网站发布不良、违法信息及涉嫌诈骗的，或已经掉进网络诈骗陷阱的，应及时到公安机关举报或报案。

单元二　预防网络不良信息侵害

一、网络不良信息对中职生的侵害

（一）不良政治信息对中职生的侵害

校园网已经成为广大师生获取信息、丰富知识、交流思想的重要信息平台。尽管各学校在校园网安全管理方面做了大量工作，但仍不时有人在网上传播不良有害信息，尤其是在国内外重大政治活动和重大敏感事件期间。境内外敌对势力和别有用心的人也千方百计争夺这个重要阵地。他们在网上传播虚假信息、造谣惑众，对社会热点和敏感事件进行恶意炒作，误导舆论，危害社会稳定与和谐。

在我国，一些邪教组织虽被禁止活动，但它们在网上的非法活动仍很猖獗。拥有电子邮箱的人们经常会收到来自邪教组织的邮件，其中不乏歪理邪说，甚至有煽动颠覆中国政府的内容。在泛滥的邪教信息面前，一些政治意志薄弱的人可能会陷入泥潭。

（二）黄色信息对中职生的侵害

随着电脑和互联网的迅速普及发展，新型违法犯罪形式——网络违法犯罪也愈演愈烈，涉及网络色情、赌博、毒品等方面的有害信息对青少年心灵的腐蚀令人发指。

互联网上各种色情信息的泛滥，加上青少年生理、心理正处于发育期，如果缺乏正面引导，很容易诱发青少年进行卖淫嫖娼、强奸或利用网络传播色情牟利等违法犯罪活动。

2021年2月22日，新华网编发了《研究生办色情网站让大学生发表嫖娼体会》的新闻。特大淫秽网站"风月神州"曾经嚣张一时。"风月神州"把服务器建在境外，主要针对中国大陆发布了大量的各大中城市"卖春""找小姐"等卖淫嫖娼信息；众多会员还发表了大量的嫖娼"体会"。该网站拥有注册会员10万余人，粘贴淫秽色情文章2万余篇，页面浏览量高达2亿多次，里面还有大量的淫秽图片。2020年5月，南通警方得到举报，此后警方辗转广东、湖北、北京、天津等七省市，通过准确追踪定位，一举缉捕以"大鸟大"为首的传播淫秽色情物品犯罪团伙。

这个网站的创办人竟是一个名叫罗×的赴加拿大留学的研究生（网名"大鸟大"）。2021年12月21日，该市人民法院一审以传播淫秽物品牟利罪判处罗×有期徒刑10年；其余8名被告分别被判处7个月以上有期徒刑。2022年年初，该市中级人民法院做出终审裁定，维持原判。这起特大网络传播淫秽色情物品案终于尘埃落定。

与本案有牵连的王某是一个值得警示的例子。王某只有25岁，当南通警察赶到南京王某家中缉拿王某归案时，王某的母亲惊呆了，她责问警察："你们凭什么抓我的孩子？我孩子下班就在自己的房间里，从来不出门的，怎么能犯事儿？"警察对她说："你知道自己的孩子在房间里干了什么吗？"王母无言以对。随后，警方在王某的房间里搜出了十几盘淫秽色情录像带，并查扣了网上犯罪证据。据王某交代，受网上教唆，他从大一开始就去嫖娼，上了"风月神州"网站后，就把每一次嫖娼的"体会"及周围环境等仔细记录下来并发到网络上。身陷淫网频发嫖娼"体会"，王某从一个受害者逐渐变成堕落者，继而变成害人者，从"天之骄子"变成了阶下囚。

（三）网络交友不慎对中职生的侵害

一些犯罪分子利用上网聊天的机会甜言蜜语勾引异性，以请吃饭、送礼物等理由约女方出来见面，然后就露出丑恶面目，实施诈骗、性侵害等违法犯罪行为。利用网络实施强奸、杀人的案件时有发生。这类犯罪嫌疑人物色的对象主要是在校女生以及一些阅历浅、社会经验不足的女性。他们先用网上聊天博得女性的信任，接着约见面，请吃饭喝酒，之后实施强奸甚至杀人。

网络交友容易发生侵害事件的原因主要有以下几点。

（1）有些人以通过网络骗色骗财为目的。他们利用青年女性渴望了解异性、渴望尝试爱情的心理，处心积虑地勾引她们。一旦达到玩弄女性、骗色骗财的目的，他们就"蒸发"了。

（2）网络色情泛滥，成为导致中职生性犯罪的重要原因之一。有些大学生上网自控能力弱，热衷于浏览色情、淫秽等不良信息，受到潜移默化的影响。

（3）一些女性对日益严峻的社会治安形势了解不够，对网络上的险恶状况认识不足，对"虚拟社会"可能产生的真实伤害缺乏戒备，对"网络熟人"——真实的陌生人盲目信任；自我安全防范意识和自我安全保护能力比较薄弱。

二、对网上不良信息侵害的预防

（一）中职生抵御网上不良信息侵害的方法

（1）要上内容健康的网站，不要登录内容不健康的网站，不要浏览充满色情、暴力、凶杀、赌博等有损自己身心健康的内容，以免心灵遭受污染；不要沉迷于网络游戏和聊天。应多搜集了解有益于身心健康和学习的信息，培养高尚的情操，努力树立正确的人生观、道德观、世界观。

（2）要充分认识网络世界的虚拟性、游戏性和危险性，对网络恋情要多一分清醒，少一分沉醉，时刻保持高度警惕，不要把网络当作逃避现实生活的避风港。网络生活只是现实生活的一部分，它不可能代替现实生活。生活中无论遇到什么困难，都应该采取积极的态度去面对、去解决。

（3）要保持正确对待网络的心态，遵守《全国青少年网络文明公约》的要求。"要善于网上学习，不浏览不良信息；要诚实友好交流，不侮辱欺诈他人；要增强保护意识，不随意约会网友；要维护网络安全，不破坏网络秩序；要有益身心健康，不沉溺虚拟时空；要树立自尊、自律、自强的意识，增强辨别是非和自我保护的能力，自觉抵制各种不良信息及违法犯罪行为的危害。"净化网络环境如图8-5所示。

图 8-5　净化网络环境

（二）中职生上网的安全策略

（1）要增强自控能力，上网场所要择优，上网时间要适量，浏览内容要健康。对网络"虚拟社会"不能过分沉溺，尤其是对"网恋""网络同居""网婚"等两性互动活动，切不可过分地痴迷而深陷其中；对网上的不良信息或者非法信息，要提高识别能力，认清本质，坚决抵制；不要访问色情网站，这类网站往往会伤害青少年的身心健康。

（2）要加强自我保护，防止遭受非法侵害。对"网友"的盛情邀请要保持警觉，尽量回避，以免上当。为了达到罪恶目的，有的"网友"会对你海誓山盟，抛出各种诱惑，诱使你与他直接交往，见面后"网友"就会露出其狰狞面目，对你进行偷骗或敲诈勒索，甚至是更严重的性侵害、抢劫或者杀害。因此，防范的最好方法是不要和陌生人随意约会，不给犯罪分子可乘之机。

（3）要加强自我约束，克制利用计算机进行违法活动的心理。计算机违法犯罪所具有的高智能性、高隐蔽性等特点，对青少年具有很大诱惑性。中职生要特别注意克制涉及计算机的违法犯罪心理。

（4）注意躲避以下网络陷阱：

① **恶意网站**。互联网上有许多恶意网站，这里面有色情网站、游戏网站或者打着咨询服务等旗号的网站。当你浏览这些网站时，它要求你下载一种软件，声称用它可以免费无限制使用该网站的资源。实际上，该软件是国际长途电话自动拨号程序，下载后它就自动运行，结果产生高额国际长话费用。有的在你上网时篡改你的注册表，使该网站成为默认主页。有的网站在一些收费项目选择上设置复选框陷阱，误导消费者，看似免费，实际上要扣信息费。扣钱一瞬间，你想取消服务却要大费周折。

② **不良网络游戏**。有的游戏以色情、暴力或恐怖袭击为主题，有的暗藏不良政治目的，显然不利于青少年的身心健康。一些中职生因为沉迷于游戏世界，损害了身体健康，荒废了学业，最终退学；有的中职生通宵达旦玩游戏，过度劳累，引发精神疾病或猝死。中职生首先要以学业为重，玩电脑游戏应有选择、有限度，避免损害身心健康。

③ **"黑网吧"**。非法网吧不具备完善的安全环境，安全无保障。北京市海淀区"蓝极速"非法网吧曾发生火灾，造成25人死亡、13人受伤。死伤人员中有多名学生。面对这25条生命血的教训，明智者应远离"黑网吧"。

④ **网络淫秽色情陷阱**。互联网上有许多色情淫秽网站网页，媒体曾报道过以"博客""微信"等方式传播的充满色情的网络音频日记在网上泛滥的问题，令人忧虑。网络淫秽色情陷阱具有影响范围广、危害腐蚀性强的特点，中职生应特别警惕。

⑤ **"黑客"教唆陷阱**。随着互联网的普及和扩大，"黑客"的活动也日益活跃。一些"黑客"成立了组织，建立网站，传播黑客技术，这对一些青少年具有很大的吸引力。中职生对此应慎重对待。

⑥ **邪教陷阱**。网上有一些邪教组织网站，他们冒用宗教、气功等名义，大肆宣传反人类、反社会、反科学的歪理邪说，造谣生事，发展组织，危害社会稳定。邪教在互联网上的非法活动也十分猖獗。同学们应保持高度的政治警惕性，自觉抵制和反对邪教组织的渗透活动。

⑦ **网恋陷阱**。网恋在某种程度上满足了人的精神需求。有人同时和许多人发展多角网恋关系，有的人从网恋发展为网上同居、网上婚姻等。但是，网恋的欺骗性、危害性不容忽视。要警惕虚幻的网恋可能造成的真实伤害。

⑧ **网络同居**。有专家指出，部分青少年参与"网络同居"，是他们现实交往能力较低和责任意识淡薄的表现。网络虚拟生活是一种非理性的生活，理想化的网络生活和现实生活之间的落差将造成人格分裂，这对人是一种潜在的伤害。

⑨ **网络裸聊陷阱**。在网上传播淫秽色情的方式主要有两种，一个是建立色情网站，采用会员制收费的方式；另外就是利用网上的视频软件，提供裸体视频聊天。公开的裸聊是违法行为。

⑩ **其他陷阱**。目前所知的有假冒银行网站、网上算命、网络"免费服务"、网络"一夜

情"、网络性交易、网上替考"枪手"、网络窥探隐私、网络教唆自杀等。对于网络陷阱，同学们一定要小心。

（5）**要对网络侵害行为保持高度警惕，加强上网的自我安全保护措施，积极预防黑客、病毒和非法软件的侵害，不要使你的计算机成为黑客的网络"肉鸡"。**面对网络盗贼"一偷、二骗、三劫持、四滋扰"的行径，同学们要严阵以待，保护好自己的现实财产或者虚拟财产，特别注意以下几点：

①不要贸然约会"网友"，如要约会务必慎重选择时间、场所和见面形式。最好选择白天，选择你熟悉而且人员较多的安全场所。不要贸然见网友如图8-6所示。

图8-6　不要贸然见网友

②避免私下交易。卖家网上同意使用"支付宝"，实际成交时却要求私下交易。如果碰上卖家执意私下交易，务必三思而后行。贵重物品尽量选择同城交易、货到付款或者使用"支付宝"付款。如果你不能到场交易，应尽可能让亲友帮助一手收货、一手交钱。

③防范常见的网络诈骗。网络诈骗万变不离其宗，就是要"套出"你的密码和账号。金融卡持卡人对来历不明的短信或电话要高度警惕，在任何情形下都不要轻易向他人透露银行卡密码等账户信息。收到可疑诈骗短信或可疑电话时，应积极向警方报案。如果确有疑问，应亲自到银行柜台办理，或者致电各发卡行的客服热线，如中国银联客户服务热线95516。

（6）**应加强对中职生政治素质的教育培养，增强其公德意识，引导中职生正确认识社会，树立正确的人生观、价值观。**

中职生正处在人生成长的关键时期，上学期间对于一个人世界观、人生观和价值观的形成至关重要。学校要让中职生学到现代科学知识、技能和理论的同时，组织开展各种形式的有益活动，用高尚的文化引导他们积极向上，并注重对他们进行有效的道德素质教育，提高他们的道德水平，教会他们为人之道，使他们真正成为心智与人格全面发展的有用之才。

（7）**加强对中职生的心理引导，培养良好的心理素质。**

针对中职生心理发展不够成熟的特点，学校要有意识地开展心理健康知识讲座、开设心理咨询机构，帮助中职生形成健康向上的心理，增强社会应变能力，学会处理现实与愿望的矛盾，学会自我调适，减少一些不该发生的悲剧。

首先，引导中职生控制情绪，消除其人格障碍，学会宽容，提高中职生承受和应对挫折的能力，做到自律，自爱，自尊，自强。其次，注意引导中职生建立和谐的人际关系。中职生要放弃偏激和自卑心理，笑对人生，热爱生活，多交朋友，使自己心理常常处于轻松愉快之中。最后，要注意引导中职生正确处理恋爱与性问题，树立正确的恋爱观，以友情为重，不应过早确立恋爱关系。学校应该加强他们的性教育和性道德教育，建立中职生心理健康中心，并利用它指导和帮助中职生以严肃的态度对待爱情，正视恋爱关系，保持稳定的情绪及健康的心理。

（8）多形式强化对中职生的法制教育，增强中职生法律意识。

学校要采取多种形式，进行全面教育。这就要求我们的学校要高度重视对学生的法制教育，要从刚入校门着手，结合道德品质与行为规范教育，结合校园内的案例讲危害，向学生灌输正确的人生观、世界观。尤其要针对中职生中许多人不知法、不懂法、缺乏法律意识的现象，使中职生知法、懂法、守法，指导中职生正确理解权利与义务的关系，在履行义务的前提下，合法行使自己的权利，帮助中职生形成遵法守法、依法办事，同违反宪法、法律以及破坏法制的行为做斗争的思想意识。同时，中职生自身还应该增强自我防范意识。从中职生违法犯罪的作案方式分析，大部分是趁人不备作案，且作案地点主要是学生宿舍、图书馆、食堂。所以，学校除了要加大对这些场所的管理力度，不给违法犯罪学生以可乘之机，还要加强对学生的自我防范和自我保护意识的教育，减少对一些思想不健康学生违法犯罪的诱因。

（9）加强校园的内部管理。

预防违法犯罪必须保证良好的校园环境，保证校园是一个学习知识的场所，切实抵制社会不良文化的进入。因此要加强和改进学校的学生管理工作，尤其是集体宿舍的管理。采取针对性措施健全管理约束机制，建立预防中职生违法犯罪的网络；配合有关执法部门综合整治，排除校园周边不健康因素对中职生的影响和干预。通过建立一整套的安全防范管理体制，最终从体制上杜绝违法犯罪现象。

（10）司法机关的积极协助教育。

司法机关对中职生违法犯罪应实行教育、感化、挽救的方针，坚持惩罚与教育相结合的原则，以法律效果为基础，以政治效果为原则，以社会效果为目的，采取人性化的帮教手段，挽救这些失足青年，使他们能够重新成为社会的有用之才。对违法犯罪情节不严重且有悔改之意的，应采取微罪不诉或建议法院单处罚金的办法，给他们一次改过自新的机会，这样往往会收到更好的效果。司法机关也应该有重点地与学校定期联系，帮助学校建立良好的校园环境，同时加强校内的司法宣传教育。

（11）家长有针对性的引导教育。

家庭是社会的细胞，人出生直到成人走向社会，其行为规范、待人接物等均来自家庭的影响。学校对中职生的引导是整体上的、普遍性的引导，对中职生有针对性、个别性的引导则要靠家长了。因此，提高家长的综合素质，加强和改善中职生的家庭教育是很重要的一项工作。家长要注重对自己孩子的了解，加强与孩子的沟通，摒弃娇惯溺爱、袒护错误、重养轻教、"黄荆棍儿出好人"等不正确的教育方法和"孩子18岁后就没有家庭教育的责任"等错误思想。要把学校预防与家庭影响有机地结合起来，家长配合学校的教育，有针对性地加以引导，努力为孩子营造一个健康、温馨、和谐的成长环境。

此外，政府职能部门则应力所能及地为中职生排忧解难，采取切实可行的措施，加强教育领导，优化社会大环境以及校园周边环境，通过社会各界共同努力，把不良信息犯罪率降到最低限度。

小知识　　　学生网络十条安全规则

第一条：在网上，不要给出能确定身份的信息，包括：家庭地址、学校名称、家庭电话号码、密码、父母身份、家庭经济状况等信息。如需要给出，一定要征询父母意见或好朋友的意见，没有他们的同意最好不要公布，如果公布要让父母或好朋友知道。

第二条：不要自己单独与网上认识的朋友会面。如果认为非常有必要会面，则到公共场所，并且要父母或好朋友（年龄较大的朋友）陪同。

第三条：如果遇到带有脏话、攻击性、淫秽、威胁、暴力等使你感到不舒服的信件或信息，请不要回答或反驳，但要马上告诉父母或通知服务商。

第四条：未经过父母的同意，不向网上发送自己的照片。

第五条：记住，任何人在网上都可以匿名或改变性别等。一个给你写信的"12岁女孩"可能是一个40岁的先生。

第六条：记住，你在网上读到的任何信息都可能不是真的。

第七条：当你单独在家时，不要允许网上认识的朋友来访。

第八条：经常与父母沟通，让父母了解自己在网上的所作所为。如果父母实在对计算机或互联网不感兴趣，也要让自己的可靠的朋友了解，并能经常交流使用互联网的经验。

第九条：控制自己使用网络的时间。在不影响自己正常生活、学习的情况下使用网络，最好平时用较少的时间进行网络通信等，在节假日可集中使用。

第十条：切不可将网络（或电子游戏）当作一种精神寄托。尤其是在现实生活中受挫的青少年，不能只依靠网络来缓解压力或焦虑，应该在成年人或朋友的帮助下，勇敢地面对现实生活。

课后测试

1.你碰到过网络骗子吗？你是如何应对网络骗子的？

2.利用网络进行违法活动需要承担法律责任吗？

3.结合你的生活经验，谈谈沉迷网络游戏的危害。

4.你经常进行网络购物吗？网络购物需要注意什么？

5.网络短信诈骗有哪些方式？

6.网络广告诈骗有哪些方式？

模块九　预防传染病

1.掌握预防新冠感染知识
2.明确预防艾滋病的内容
3.了解如何预防狂犬病

导语

每朵乌云背后都有阳光。

——［美］吉伯特

案例引入

王某10年前为摆脱贫穷，他只身到外闯荡，并加入了卖血的行列。在一次卖血中，王某染上了艾滋病病毒。可怕的是王某本人并不知道。在外靠卖血挣了一些钱后，王某回到他的家乡，在家乡娶了妻子，生了儿子。这时他还全然不知自己已经患上了艾滋病。2000年，一次偶然患上的"感冒"使王某检查出患有艾滋病！尤为可怕的是，因为王某对自己身患艾滋病毫不知情，因此早已把艾滋病病毒传染给了妻子，他的妻子又通过母婴传播将艾滋病病毒传给了儿子。当这一切全然揭晓和明了的时候，王某已经不治，很快撒手人寰。接下来的结果不难想见，王某的妻子于2001年遭受同样厄运。不久，幼子也离开了人世。两年时间，一家三口死于艾滋病，这不能不说是个惨痛的悲剧。可怜天下父母心，与王某同吃同住的老母亲，在两年的时间里，接二连三地经历了白发人送黑发人的悲剧。

血液传播是感染艾滋病病毒最直接的途径。通过使用被艾滋病病毒污染的血液制品或血液（包括白血球、血浆者在内），使艾滋病病毒直接进入健康人体内。输入被病毒污染的血液，使用了被血液污染而又未经严格消毒的注射器、针灸针、拔牙工具，都是十分危险的。另外，如果与艾滋病病毒感染者共用一支未消毒的注射器，也会被残留在针具中的病毒感染。

单元一　预防新冠感染

一、新型冠状病毒肺炎

2020年年初，一场新型冠状病毒肺炎（以下简称新冠肺炎）疫情突袭全球，整个世界好像按下了暂停键，进入了抗疫模式。新冠肺炎疫情给我们的经济生活、社会生活和精神生活都造成了巨大的冲击和挑战，我们必须勇敢地面对冲击和挑战。共同抗击新型冠状病毒如图9-1所示。

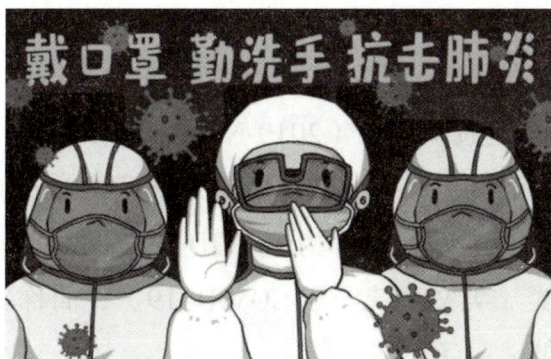

图 9-1　共同抗击新型冠状病毒

2021年1月20日至23日，犯罪嫌疑人田某某与妻子李某某、儿子等八人从武汉到达湛江，共同入住湛江市坡头区恒大绿洲某单元。田某某在恒大绿洲物业、补区工作人员进行排查时，未如实报告其武汉居住史，且不执行卫生防疫机构的防控措多次未佩戴口罩外出，出入市场、加油站等公共场所。同年2月4日，犯罪嫌疑人田某某的妻子李某某被确诊为新型冠状病毒肺炎患者。因田某某不遵守居家隔离规定，造成与其密切接触的6名恒大绿洲住户被居家隔离，该小区162人自行居家隔离，同时，引起该小区住户恐慌。

新冠肺炎确诊病例、无症状感染者，在明知被感染的情况下，仍不遵守疫情防控政策要求，拒绝隔离治疗、隔离期内擅自脱离隔离治疗或者故意传播新冠肺炎病原体，进入公共场所或者公共交通工具，符合刑法第一百一十四条、第一百一十五条第一款规定的，应以以危险方法危害公共安全罪定罪处罚。对于其他拒绝执行防疫部门提出的防控措施，例如，拒绝核酸检测、拒不配合信息核查、拒不配合封控管理、不如实上报抗原检测结果、违反居家隔离要求、隐瞒病情和行程信息等，引起新冠病毒传播或者有传播严重危险的，符合刑法第三百三十条规定的，以妨害传染病防治罪定罪处罚。所以，我们需要配合有关部门的调查，做好防护工作及居家隔离，做一名遵纪守法的好公民，不要违反相关法律法规，酿成大祸，甚至锒铛入狱，如图9-2所示。

图 9-2　锒铛入狱，后悔已晚

（一）新型冠状病毒的发现及命名

2019年12月，在武汉相继发现不明病因的感染性肺炎患者，主要临床表现是发热（体温高于38℃）、干咳、肺炎影像学特征，发病早期外周血白细胞总数正常或降低，或淋巴细胞计数减少。流行病学溯源发现其可能与当地某海鲜市场有关。进一步病原学研究证实其是由一种新的冠状病毒感染所致，称为新型冠状病毒（2019 Novel Coronavirus，2019-nCoV）。病基因序列比对显示，该病毒与 2003 年引起 SARS 的 SARS 冠状病毒（SARS-CoV）同源性达79.5%以上。世界卫生组织宣布将该病毒所致疾病称为 COVID-19，国家卫生健康委员会将该病毒所致肺炎命名为新型冠状病毒肺炎（英文名统一为 COVID-19），简称新冠肺炎。

（二）新型冠状病毒的传播途径

传播途径是病原体从传染源排出体外，经过一定的传播方式，到达与侵入新的易感者。新型冠状病毒肺炎是呼吸系统传染病，呼吸道和眼结膜是病毒的主要入侵途径，目前确定新型冠状病毒的传播方式有如下几种：

（1）飞沫传播：通过咳嗽、打喷嚏、说话等产生的飞沫进入易感者黏膜表面。

（2）接触传播：在接触病原体污染的物品后触碰自己的口、鼻或眼睛等部位导致传播。

（3）在相对封闭的环境中长时间暴露于高浓度气溶胶情况下存在经气溶胶传播的可能，如医疗场所。

二、新型冠状病毒肺炎临床表现与普通感冒和流行性感冒的区别

（一）临床表现

基于目前的流行病学调查，潜伏期为1～14天，多为3～7天，主要表现为发热、干咳、乏力等，少数患者伴有鼻塞流涕、咽痛、肌痛和腹泻等症状。重症患者多在发病后出现呼吸困难和/或低氧血症，严重者可快速进展为急性呼吸窘迫综合征、脓毒症休克难以纠正的代谢性酸中毒和出凝血功能障碍及多器官功能衰竭等。

值得注意的是重型、危重型患者病程中可为中低热，甚至无明显发热。轻型患者仅表现为低热、轻微乏力等，无肺炎表现。从目前收治的病例情况看，多数患者预后良好，少数患者病情危重。老年人和有慢性基础疾病者预后较差。儿童病例症状相对较轻。

（二）与普通感冒和流行性感冒的区别

新冠肺炎与普通感冒和流行性感冒的区别如表9-1所示。

表 9-1　新冠肺炎与普通感冒和流行性感冒的区别

病种	呼吸道症状	全身症状	其他
普通感冒	自觉上呼吸道症状重；鼻塞、流鼻涕、打喷嚏	轻，无明显全身不适应症状	体力、食欲基本正常
流行性感冒	发病急、症状重、进展快；上下呼吸道都可能波及，可能引起肺炎	常伴有发热，可达39℃；头痛、关节痛、肌肉酸痛明显	乏力、食欲差
新冠肺炎	干咳为主，少数患者伴有恶心、呕吐等症状	有鼻塞、流涕、咽痛等；重型病例多在一周后出现呼吸困难	多为轻度或中度发热，乏力常见，偶见腹泻

三、预防新冠感染

（一）学校如何预防新冠感染

1. 科学安排教育教学方式

没有疫情的学校开展正常的线下教学活动。疫情流行期间，学校校内及时采取减少人际接触、实施线上教学、调整教学安排等疏散人员措施。学校以班级为单位，由学校所在县（区）级教育行政部门会同卫生健康、疾控等部门提出并实施防控措施。幼儿园出现感染者后，可采取临时关停措施。疫情解除后，要及时恢复正常教育教学。

2. 增强校园疫情防控能力

学校所在地疫情流行期间，多方协同防范疫情输入和扩散风险，及时发现、救治和管理感染者，控制校内聚集性疫情。属地卫生健康、疾控和教育等部门指导支持学校创造条件建设学校健康驿站，按照在校师生人数和防疫需要科学确定床位数，配备足量医护和服务保障人员、医疗药品和器材，根据需要为校内无症状感染者、轻型病例创造相对独立的住宿条件，并提供临时健康监测或适当对症治疗等相关服务，在校园宿舍区等学生聚集区域开设发热诊疗点，提供快速便捷的医疗服务。校医院要统筹管理全校医疗资源，创造条件设立发热门诊和隔离就诊区，实行24小时值班值守制度，公布热线电话或在线服务窗口，提供师生医疗咨询服务。中小学校加强卫生室（保健室）建设，强化从业人员专业培训，配备必要的医疗药品，设置师生健康观察室，对有发热等症状的师生临时留观，并指导家长安全接护学生回家。

3. 做好师生健康监测

多种形式开展健康教育，引导师生树牢并自觉践行"健康第一"理念，当好自身健康第一责任人。坚持戴口罩、勤洗手等良好卫生习惯，加强身体锻炼，保持健康生活方式，提升健康素养和自我防护能力。加强师生健康监测，师生入校时测量体温，发现发热症状的师生及时采取留观等相应措施。有发热、干咳、乏力、咽痛等症状的师生，不得带病到校工作和学习。会同社区开展师生中重点人群健康调查，及时建档立卡，开展健康管理。中小学校、幼儿园落实晨午检制度、传染病疫情报告制度、因病缺勤缺课追踪登记制度等，提高疾病监测预警信息化水平。

4. 加强学校物资储备

学校按照人口总数的15%～20%动态储备对症治疗药物和抗原检测试剂，人员较多的学校可酌情增加。储备足够的口罩、消毒用品、安全测温设备等常用防疫物资。防疫物资要保有1周以上的储备量，建立稳定保供渠道，保证应急情况下足用适用。一旦校内发生大规模聚集性疫情，属地要优先保障学校生活物资与防疫物资，优先救治有特殊需要的校内感染者。

5. 改进校园公共卫生

坚持人、物、环境同防和多病共防。落实校园内公共区域卫生管理制度和消毒制度。保持教学区域、宿舍、公共卫生间等场所空气流通，尽量减少使用无自然通风的室内密闭空间。校舍入口、楼梯入口、电梯入口等位置摆放消毒用品，人员进出时做好消毒。有条件的地方和学校可通过适当减小班额，加大桌椅间距等方式，保持安全距离。加强学校食堂、图书馆、体育馆等公共场所的人员管理，从严管理大规模人员聚集活动。加强食品和饮用水安全管理。

6. 完善师生服务保障

引导师生正确认识防疫政策措施，增强士气和信心。省、市级教育部门和高校完善常态化"接诉即办"工作机制，落实师生反映问题台账制度，限时解决反馈，满足师生合理诉求。鼓励学校为师生发放健康防疫包，摸清生活困难和身体健康有特殊需要的师生底数，建档立卡，跟进服务，并建立兜底帮扶机制。按照属地疾控部门部署组织开展师生疫苗接种，保证老年教职员工和低龄儿童接种率和安全，努力做到"应接尽接"。有针对性地做好学生心理健康教育和心理疏导，及时化解学生恐慌、焦虑等负面情绪，营造生动活泼、健康向上的校园氛围。

（二）个人如何预防新冠感染

新型冠状病毒是一种新发传染病病毒，在疾病疫情防控期，个人应从以下几个方面做好防护。

（1）戴口罩。外出前往公共场所和乘坐公共交通工具时，应正确佩戴口罩。

（2）勤洗手。外出归来，饭前便后，咳嗽、打喷嚏时用手捂口鼻后，接触污物后等，应及时洗手。应使用流动水和肥皂或洗手液，采用"七步洗手法"洗手。

（3）勤消毒、勤通风。使用卫生（疾控）部门认可有效的消毒剂进行合理的消毒。

（4）避免人群聚集。教职员工应尽量避免外出校外活动，避免去人流密集的场所，避免到封闭、空气不流通的公共场所和人多聚集的地方。

（5）生活规律。养成健康的生活方式，合理膳食，不暴饮暴食，不吸烟，不喝酒，不酗酒。劳逸结合，不熬夜，生活有规律。适当锻炼，保持休息与运动平衡。

（6）快递尽量选择无接触配送，如必须与快递员接触，应佩戴好口罩，取件途中避免人员聚集及面对面。去除快递的外部包装后应该立即洗手，然后再去拿里面的包装。对快递的内部物品包装要用消毒湿巾、酒精棉等擦拭消毒，打开物品内部包装袋时也要注意手卫生；所有包装应按照生活垃圾分类要求妥善处理。

（7）去疾病流行地区必须报告，批准后方可执行，接触确诊者或密切接触者必须报告。

（8）避免接触禽畜、野生动物及其排泄物和分泌物，避免购买活禽和野生动物，更不能食用野生动物。尽量不去动物农场和屠宰场、活禽动物交易市场或摊位、野生动物栖息地等场所，必须前往时要做好防护。做好个人防护如图9-3所示。

图 9-3　做好个人防护

单元二　预防艾滋病

一、艾滋病是什么

当今，艾滋病已成为危害人类健康的重大公共卫生问题之一。艾滋病是一种危害性极大的传染病，2023年是艾滋病传入我国的第38个年头，艾滋病疫情已经控制在较低的流行水平，但青年学生艾滋病感染率不降反升，低龄化趋势成为防艾重中之重。家庭、社会和学校合力防控艾滋病迫在眉睫。随着现代社会的发展，人们的性观念越来越开放，中国人的第一次性生活的平均年龄也越来越低，艾滋病在中国也开始传播开来，并且愈演愈烈。艾滋病，全名为获得性免疫缺陷综合征，或者称为后天免疫缺乏综合征（Acquired Immune Deficiency Syndrome，AIDS，音译为艾滋病）。艾滋病是一种综合征，而非单纯的一种疾病，而这种综合征可以通过直接接触有黏膜组织的口腔、生殖器、肛门等或带有病毒的血液、精液、阴道分泌液、乳汁而传染。

近几年来，艾滋病在中国各高校传播呈现愈演愈烈的趋势，引起很多专家、学者、政府官员的关注。很多学生感染了艾滋病病毒后，因为缺乏预防艾滋病的知识，没有进行常规的检查，所以导致错过最佳的治疗时间。

二、艾滋病的主要传播途径及危害

（一）传播途径

1. 性途径传播

性接触是艾滋病最主要的传播途径。艾滋病可通过性交的方式在男性之间、男女之间传播。艾滋病感染者的精液或阴道分泌物中有很多病毒，在性交时，由于性交部位的冲突，很容易造成生殖器黏膜的细微破损，这时病毒就会乘虚而入，进入未感染者的血液中。

2. 血液传播

①输入污染了HIV的血液或血液制品。

②静脉药瘾者共用受HIV污染的、未消毒的针头及注射器。

③共用其他医疗器械（口腔科器械、接生器械、外科手术器械、针刺治疗用针）或日常用具（如与感染者共用牙刷、剃刀）也能够经破损处感染，但罕见。

④救护艾滋病患者伤员时，救护者本身破损的肌肤触摸伤员的血液。

阿海来自农村，父母都是农民，有一个姐姐。阿海只上了小学四年级就辍学了，每天无所事事，就与社会上的人混在一起，15岁时因为好奇染上毒瘾，他被强制戒毒过一次，走出戒毒所后又开始复吸。毒瘾上来时非常痛苦，根本顾不了那么多，几个人共用一个针管。

2022年8月强制戒毒时，在疾病预防控制中心检测血液时，发现带有艾滋病病毒，当时阿海只有17岁。

3. 母婴传播

母婴传播也称围产期传播，即感染了HIV的母亲在产前、临产进程中及产后不久将HIV感染给了胎儿或婴儿。可通过胎盘或临产时通过产道感染，也可通过哺乳感染。艾滋病传播途径如图9-4所示。

图9-4 艾滋病传播途径

（二）艾滋病的危害

1. 人际交往受到社会的歧视

学生感染艾滋病后最担心的事情就是自己的病情被曝光，如果被学校知道了，很有可能会被动员休学或自动退学。这样的情况是感染艾滋病病毒的学生最难以接受的，感觉好像被世界抛弃了。在最近的一些学生感染艾滋病病毒的案例中，虽然有些学生据理力争，保护了自己的合法权益，成功留在学校继续上学，但是面临的另一个问题就是如何与同学相处。很多同学对艾滋病有歧视，他们往往不愿意和艾滋病病毒感染者进行交往，这使艾滋病病毒感染者内心更加孤独，对未来充满了迷茫。艾滋病患者受到歧视如图9-5所示。

图9-5 艾滋病患者受到歧视

2. 求职就业受到工作单位的歧视

目前《公务员录用体检通用标准（试行）》规定，患艾滋病属于体检"不合格"，许多单位参照这个标准拒绝招录艾滋病病毒感染者。人力资源和社会保障部劳动科学研究所所长郑东亮表示：关于艾滋病，现在还没有一致的看法，还列在《公务员录用体检通用标准（试行）》中。公务员、事业单位甚至国有企业，都认同这个标准。

感染艾滋病病毒的学生面临的又一个困难就是求职，现在很多事业单位和国有企业按照《公务员录用体检通用标准（试行）》规定来筛选求职者，如果学生被检查出感染艾滋病病毒，就会被拒绝。对于很多感染艾滋病病毒的学生来说，这样的规定极大地阻碍了他们事业的可选择性。

3.艾滋病患者内心痛苦

从生理上讲，艾滋病病毒感染者一旦发展成艾滋病人，健康状况就会迅速恶化，患者身体要承受巨大的痛苦，最后被夺去生命。从心理、社会层面上讲，艾滋病病毒感染者一旦知道自己感染了艾滋病病毒，会产生巨大的心理压力。另外，艾滋病病毒感染者容易受到社会的歧视，很难得到亲友的关心和照顾。

4.艾滋病对家庭的危害极大

社会上对艾滋病人及感染者的种种歧视态度会殃及其家庭，他们的家庭成员和他们一样，也要背负沉重的心理负担。由此容易产生家庭不和，甚至导致家庭破裂。

5.艾滋病对社会的危害

艾滋病削弱了社会生产力，减缓了经济增长，人均期望寿命降低，民族素质下降，国力减弱。社会的歧视和不公正待遇将许多艾滋病人及感染者推向社会，造成社会的不安定因素，使犯罪率升高，社会秩序和社会稳定遭到破坏。此外，艾滋病使许多无辜儿童被迫承受失去亲人的痛苦，还要忍受人们的歧视等。

三、艾滋病的预防

（1）不发生不洁性行为，遵守道德，洁身自爱，不要有婚前和婚外性行为；遵守婚前健康检查的规定；婚前一定要知道对象是否已经受艾滋病病毒感染；遵守法律，不搞卖淫嫖娼。

（2）不以任何方式吸毒，有毒瘾者暂未戒除前切勿与他人共用注射器。

（3）怀疑自己或对方受艾滋病病毒感染时坚持使用避孕套。

（4）不轻易接受输血和血制品（如果必须使用，就要求医院提供经过艾滋病病毒检测合格的血液和血制品）。避免在日常救护时沾上受伤者的血液。不要擅自从国外带入血液制品，不要使用未经过检验的进口血液。

（5）不与他人共用针头、针管、纱布、药棉等用品。医疗时使用经过严格消毒的注射器及检查、治疗器械；不到消毒得不到保证的诊所、医院去打针、拔牙、针灸或手术；儿童打预防针必须做到一人一针一管。

（6）不去消毒不严格的医疗机构或其他场所打针、拔牙、打耳孔、文身、文眉、针灸或手术。

（7）不到消毒不严格或不消毒的理发店和美容店去理发或美容；浴室的修脚刀一定要消毒。

（8）在救护流血伤员时，要设法防止血液直接沾到自己的皮肤或黏膜上。

（9）不与他人共用有可能刺破皮肤的用具，例如牙刷、刮脸刀和电动剃须刀。

（10）不用未消毒的器械穿耳眼、文眉、文身。

（11）已经受到艾滋病病毒感染的妇女不要怀孕。预防艾滋病如图9-6所示。

图 9-6　预防艾滋病

单元三　预防狂犬病

一、狂犬病的含义

近年来，城乡犬只数量明显增多，不少人视宠物为忠实的朋友和伴侣，但是宠物致人受伤或死亡的事件亦频频出现。那么，我们应该怎样在与宠物友好相处的同时，避免自身受到伤害呢？

陈师傅在宁波市某小区当保安，为人热心。某天，他巡逻时发现一只宠物狗在树下狂吠挣扎，小狗的两条后腿被树枝缠住挣脱不得。陈师傅上前把树枝拿开，没想到狗一脱身，反过来咬了他一口，他的手背被咬出了血。陈师傅只是冲洗伤口并反复挤压，事后没有去注射狂犬病疫苗。不久，陈师傅感到头痛、乏力，吃东西时感到咽喉部难受，胸口也隐隐发闷。不久，陈师傅去世，距离他确诊为狂犬病不过4天时间。

狂犬病是一种人畜共患的中枢神经系统急性传染病，人们还根据其典型表现称之为"恐水症"。导致这种疾病的病原体是狂犬病毒。狂犬病毒起源于野生动物，除狗以外，獾、狼、狐狸、蝙蝠、浣熊、猴、鼠、兔、牛、猪等温血动物都可携带这种病毒，人类感染的狂犬病病毒主要由狗、猫携带和传播，我国的狂犬病约95%是由狗咬伤所致。狂犬病如图9-7所示。

图 9-7　狂犬病

二、狂犬病的发病过程

狂犬病病毒存在于病兽的唾液中，从皮肤或黏膜破损处入侵人体。先是在伤口附近小量增殖，在局部停留1周至2周或更久后，再侵入近处的末梢神经。然后，病毒沿外周神经轴以每小时1～3毫米的速度向中枢神经移动，侵入神经细胞内后便大量繁殖。病毒从中枢神经向周围神经扩展，侵入各器官组织，特别是唾液腺、舌部味蕾、嗅神经上皮等处病毒量比较多，所以，健康人的皮肤或黏膜伤口与患者唾液接触也可能被传染。狂犬病可分为狂躁型及麻痹型两种类型，在我国，狂躁型较常见。其发病过程可分三期。

（一）前驱期

发病初，常有头疼、不安，有恐惧感等神经性症状，也可出现恶心、呕吐等症状。体温高达37.5℃～38℃。患者的性格或行为可发生改变，如情绪低落、抑郁和不安，有的易发怒。被咬伤的部位发红，伤口周围有刺痛或麻木、肿胀，伴随有蚁走感和强烈瘙痒。进一步可出现喉部紧迫感、厌食，并有吞咽困难症状出现。

（二）狂躁期

又称为兴奋期，可出现狂犬病具有的独特症状，如恐水、阵发性的狂躁和流涎发作。病人想饮水时，便引起咽部的剧烈痉挛，呼吸困难，十分痛苦。以后每当看到水或听到水声，甚至想到水，都可引起反射性发作，所以又称"恐水病"。发作间歇期间病人意识清楚，随着阵发性痉挛加剧，病人时时出现狂躁行为。由于交感神经兴奋，病人出现大汗及流涎，加上呕吐及进食、进水障碍，很快出现脱水，体温高达39℃～40℃。

（三）麻痹期

病人由狂躁转为安静，痉挛逐渐停止，反应迟钝，还可少量进食，一般家人常以为病情好转，但很快出现脑神经与四肢神经麻痹，终因呼吸循环衰竭而死亡。

某医院收治了一名狂犬病患者，这名患者入院前两天就感到左上臂像有蚂蚁在爬行，而且恐风恐水，到医院后即被诊断为狂犬病。令人奇怪的是，患者并没有被狗咬过，经医生询问，才知道他天天晚上搂着小狗睡觉，小狗也经常舔他以示亲热。患者在入院后病情发展极快，当天下午就极度狂躁，晚间就出现呼吸衰竭，抢救无效死亡。与宠物过分亲热、亲吻，都有可能染上狂犬病，因为当感染狂犬病病毒的动物舔人后，其唾液所含病毒可能经伤口或者损伤黏膜处进入人体。

三、狂犬病的预防和控制

狂犬病的预防和控制必须依靠政府部门的集中管理和饲主严格地遵守法律才能达到效果。严格的宠物管理制度最关键，其次是流浪动物管制、动物检疫、野生动物监控。

宠物管理制度的内容包括宠物登记和饲主责任制度。例如，家中要饲养动物，必须登记，还需要为宠物接种疫苗。饲养狗猫者应该定期到兽医诊所或当地卫生部门施打狂犬病疫苗。疫苗接种率要达到70%以上才能达到预防狂犬病的效果。疫苗接种率高，人们感染狂犬的概率就小。为宠物接种疫苗是饲主的社会责任。家中宠物必须接种狂犬病毒疫苗。打疫苗如图9-8所示。

图9-8 打疫苗

家中宠物猫狗出门，必须有饲主陪伴，并给猫狗上链。饲主有责任确保不要让猫狗随意在街上游荡。平日让猫狗在街上游荡，若是一旦有狂犬病暴发，就会迅速散布开来，后果不堪设想。饲主应确保家中宠物不要与野生动物接触，以免从野生动物处感染狂犬病。若是家中宠物咬人或以其他方式袭击人，当地动物检疫局可以要求饲主执行有关隔离和检疫的命令。饲主不得随意丢弃猫狗。

设置动物收容所，收容街上的流浪猫流浪狗至关重要。因为狂犬病传播的主要方式是动物咬伤，猫狗族群越混乱，互咬的概率就越高。流浪猫、流浪狗是传播狂犬病的主要途径。除了野生动物和宠物外，被人遗弃的流浪猫、流浪狗会导致情况难以控制。流浪猫、流浪狗若被路人发现应通报动物防疫机构和动物收容所。减少流浪猫、流浪狗，需要长期严格的宠物管理制度，包括宠物登记和绝育制度。

进口的猫狗动物必须打狂犬病疫苗，并且必须经过检疫。走私进口猫狗必须受到惩罚。

个人预防狂犬病的措施如下：

（1）不要和动物亲密接触。在狂犬病流行区尤其不要接近动物。

（2）不论是被狂犬还是健康犬咬伤，都要及时采取措施。

（3）接种狂犬病疫苗，这是防止发病的根本措施。

（4）身上有伤口的人，不要接触狂犬病人或狂犬。

（5）疯狗死后要深埋，疯狗的皮也不能要，否则有染上狂犬病的可能。

（6）家犬应定期注射兽用狂犬病疫苗并登记挂牌。

（7）避免接触任何野生动物或领养来源不明的野生动物。

（8）家中宠物要每年接受狂犬病疫苗接种，而且避免宠物和野生动物接触。

（9）不捡拾生病的野生动物和动物尸体，应报告当地动物防疫机构。

（10）不要随便喂食流浪猫或流浪狗。

（11）一旦被动物咬伤，要保持冷静，用大量肥皂和清洁的水冲洗伤口15分钟，并用70%酒精消毒伤口，尽快就医，如图9-9所示。

图 9-9　迅速清洗

小知识

新冠疫苗小档案

疫苗的临床试验

疫苗临床试验是指在人体（患者或健康志愿者）进行的疫苗的系统性研究，以证实或发现疫苗的安全性和有效性。疫苗的临床试验一般分为Ⅰ、Ⅱ、Ⅲ、Ⅳ期。Ⅰ、Ⅱ、Ⅲ期通常为疫苗上市前需完成的阶段，其中Ⅲ期临床试验可为疫苗的上市审批提供关键证据。Ⅳ期临床试验通常在疫苗上市后开展，以发现疫苗的真实疗效或特定人群中应用的安全性和有效性。

新冠疫苗接种禁忌证

通常包括对疫苗的活性成分过敏者，患有未控制的癫痫和其他严重神经系统疾病者，正在发热的患者，患急性疾病或处在慢性疾病的急性发作期，以及未控制的严重慢性病患者，妊娠期妇女等。

新冠疫苗接种后常见不良反应和处理方法

接种新冠疫苗后可能会出现一些常见的一般反应，如接种部位红、肿、疼痛等，极少数人因个体差异可能会出现发热、乏力、恶心、头痛、肌肉酸痛等，通常在2～3天自行缓解，一般不需要特殊处理。如果症状较重或无法自行评判严重程度，应及时就医处理。

新冠疫苗接种对象

上至耄耋老人，下至新生婴儿，都可能被新冠病毒感染。

我们国家的疫苗接种年龄段采取先中间、再两头的策略。先从 18～60 岁的成年人开始接种，再逐步扩大到 60 岁以上老年人，随后是 18 岁以下的未成年人。

经过临床试验及专家评审认证，3～17 岁未成年人接种新冠疫苗是安全的，疫苗诱导产生抗体的能力也很强。

课后测试

1.简述人被可疑动物咬抓伤后的伤口处理方法。

2.简述人被狗咬抓伤后影响发病的因素。

3.试述狂犬病的临床诊断和确诊依据。

4.艾滋病病毒传播的三个主要途径是什么？

5.一般的日常生活接触会感染艾滋病病毒吗？

6.新型冠状病毒肺炎与普通感冒和流行性感冒有什么区别？

模块十 心理健康教育

学习目标 ▮▮▮

学习目标

1.掌握常见的心理问题的调适知识

2.懂得理性看待早恋

3.了解正确的人际交往的知识

4.学会科学处置学习受挫

5.学会改正不良生活习惯

导语

心灵开朗的人，面孔也是开朗的。

——[德]席勒

案例引入

2022年3月，昆明某中职学校发生一起持刀伤人案，造成1人死亡、5人受伤。犯罪嫌疑人是该校一名学生，事发当日下午，他携带匕首冲进教室行凶。经公安机关后期调查，犯罪嫌疑人患有抑郁症。媒体报道称，该男生情绪悲观，处于自我否定的精神状态。

近年来，在校学生伤人、自杀的事件屡见不鲜。心理健康问题在中职生中越来越普遍和严重，应引起社会各界的广泛关注。

单元一　常见心理问题调适

一、心理问题调适理念

当代中职生正处在社会变革的时期，面临着日益增多的社会心理压力，他们在学习、交友、恋爱、择业和社会适应等方面遇到一些困难和挫折，内心的冲突与矛盾若得不到有效疏导、合理解决，久而久之就可能形成心理问题。要及时进行调整。

（一）树立理想，确立目标

中职生要树立正确的人生观、世界观和价值观，根据社会需求和自身条件，确立人生的奋斗目标，并为之努力。在每一个阶段，也要制订切实可行的计划，一点一滴的成绩会激励人不断地前进，人生就充实而富有意义，心理素质高的学生都有相对稳定的人生观和信念，并能把自己的需要、愿望、理想、目标和行动统一起来。

（二）正视自我，面对现实

心理问题和心理疾病是很常见的，也是不容回避的。中职生应该积极学习相关知识，正确认识心理问题，必要时要及时咨询或求助于心理医生。

中职生认识自我，应当首先学会正确地认识社会、认识人生，积极地将获得的信息进行分析、综合和比较，用合适的社会尺度客观地评价自己，平静而理智地看待自己的长处与短处，冷静地对待自己的得与失。

（三）讲究方法，循序渐进

中职生要学习一些心理知识，增强自我调节的理论指导，逐步培养良好的心理品质。如自我暗示可以增强自信心，乐观地对待困难；运用心理分析法进行分析可以帮助解除精神上的痛苦；松弛疗法可以用来矫正嗜烟、酗酒、赌博等恶习；生物反馈疗法通过控制和调节生理变化而达到治疗目的。心理疗法种类繁多，进行心理锻炼时可以根据各自的兴趣爱好及有关条件进行选择，坚持心理调节，就能不断提高心理素质。

（四）积极向上，情绪乐观

保持良好的情绪状态。乐观的情绪对人们的生理和心理、精神和行为都会产生积极的影响，乐观情绪还是抵御不良情绪袭扰的有效屏障。一个快乐的人是不大会和别人吵架的，对于生活中磕磕碰碰的小事，能够表现出宽容和忍让。开朗乐观的情绪还可以帮助我们心平气和、较为理智地处理问题，从而减少行动上的失误。一个性格开朗、热情、善于交际、为人诚恳的人，往往较容易得到群体和他人的接纳、欢迎和帮助，容易创造出一种和谐的环境，从而使自己心情愉快，有利于施展才华。

（五）勇于实践，健全体魄

校园生活是丰富多彩的，中职生要培养广泛的兴趣和爱好，充实精神生活，积极参加集体活动，接受集体的委托和要求。在实践活动的过程中，也会遇到各种困难，解决矛盾和克服困难的过程，就是心理锻炼和成长的过程。

（六）了解自我，悦纳自我

要体会到自己的价值，即对自己的能力、性格、情绪和优缺点做出恰当、客观的评价，对自己不要提出苛刻的非分的期望与要求；对自己的生活目标和理想也要制定得切合实际；同时，即使对自己无法补救的缺陷，也能坦然接受。

（七）接受他人，善与他人相处

要乐于与他人交往，不仅能接受自我，也能接受他人、悦纳他人，认可别人存在的重要作用。在与人相处时，积极的态度（如同情、友善、信任、尊敬等）要强于消极的态度（如猜疑、嫉妒、敌视等）。

（八）热爱生活，乐于参加学习和工作

要积极投身于生活之中，在生活中尽情享受人生的乐趣。在学习和工作中，也要尽可能地发挥自己的个性和聪明才智，并从成果中获得满足和激励。

二、遇到心理问题如何调适

（一）宣泄法

例如，如果想哭了，就大声地哭吧，这样可以通过哭泣将很多负面情绪宣泄出来。此外，还可以将内心的不良情绪倾诉给别人，或者写在日记中。

（二）转移法

改变消极观点，把不愉快的活动转向愉快的活动，例如，运动、和同学出去逛街、看电影等。

（三）任务分级法

治疗抑郁症在内的多种心理问题，最基本的手段是让患者重新活跃起来，任务分级法把目标或活动分解成小目标或更小的行为定式，其目的是使任务更简单化，以便患者完成，从而获得成功的喜悦。

例如，以小时为单位制定日常活动表，写下每天的活动计划，如刷牙、洗衣服、读书、吃东西、听音乐等。当每天结束时，也许做了的事情与计划的事不太相符，但无论如何，也要把完成的事记下来。日常活动表看似简单，但它可以使人在精神上得到解脱，不再踌躇不决。即使只完成了计划的一部分，也可以带给人某种满足感，消除部分沮丧情绪。随着治疗的进展，任务难度要逐渐加大。

（四）改变自我陈述

用积极的自我陈述取代消极的自我陈述。例如大声对自己说"我是有用的""我可以试着

去做那件事"，用以取代"我无用"或"我做不了那件事"等。长时间如此，可以使人增加自信心，更有勇气来面对生活中的挫折，而不是一味地逃避。

（五）充实日常生活

大量研究表明，适当的体育锻炼可以调节人的心境，使愉悦性提高，愤怒性和抑郁性降低。另外，平时多听听音乐，或徜徉在大自然的怀抱中，这些方式都能排解心理问题。

（六）及时就医

发现或者怀疑自己有心理问题时，应该及时咨询心理医生，及时发现问题并设法解决问题。

单元二 理性看待早恋

一、青春期早恋问题

早恋指的是青春期青少年（未满18周岁）建立恋爱关系，以在校的中小学生为多，有些还存在暗恋、单恋的情况。基于青春期早恋现象比较普遍，所以要结合男生女生不同的身心特点考虑，采取正面引导的方法，对青春期青少年进行早恋教育。防止早恋如图10-1所示。

图 10-1 防止早恋

（一）产生的原因

1. 生理方面与心理方面

青春期早恋一般与生理发育有关，由于家庭教育缺乏对青春期学生正确的生理教育和早恋教育，对男女的生理特点及各年龄阶段的生理变化不了解，这导致青春期的孩子会对"性"产生好奇心和神秘感。出现异性爱慕倾向的青少年，会主动接近自己喜欢的异性，双方交往频繁，相互倾心，就可能导致恋爱的发生，即早恋现象。良好的情绪和情感有利于人的身心健康和人格发展，当前中职生青春期的情感问题也是影响他们心理健康发展的重要因素。

2. 其他方面

（1）**青春期教育的缺乏。**青春期如何进行健康的异性交往，如何正确区分友情与爱情，与异性交往的行为规范如何……青少年缺乏这些知识，又无行为规范训练，客观条件往往也造成与异性交往的阻力，缺乏与异性朋友建立纯真友谊的环境。

（2）**青少年独立意识的作用。**青少年对成人世界盲目向往和追求，以为能恋爱就代表自己的成熟，而忽视了自身心理素质的培养、锻炼和提高，这是缺乏理智的表现。

（3）**学校因素。**例如：班干部之间因工作上接触的机会多，被双方的工作能力和性格所吸引；有些同学的学习压力大，为了寻求刺激；有些同学对学习失去兴趣，把精力转移到对异性的追求上，以填补精神上的空虚；校园里一些同学公开早恋的诱惑等，都是促成中职生早恋的因素。

（4）**家庭因素。**中职生早恋与家庭有着密切的关系。比如父母离异，孩子缺乏家庭的温暖；父母缺乏对孩子进行性知识教育，使孩子不能正确处理与异性的关系；父母在孩子面前过分亲昵；对孩子所看的书籍、影视录像等不加限制；有的家长对孩子的异性交往不加以指导等。

（5）**社会因素。**中职生受一些不健康的影视书刊、淫秽录像以及黄色网站的影响。

（二）危害及影响

由于受到家庭、学校和社会的严厉打压，早恋的学生各方面都有很大的压力与矛盾，早恋者可能注意力分散，使得自己的志趣和目标发生改变。可见早恋造成危害主要不是因为早恋本身，而是来自早恋者受到的多方面压力。

1. 身体方面

由于很多早恋者情绪不够稳定、好冲动、易动感情、自控力较差，常常会产生各种影响身体健康的不良情绪。这会导致一系列身体不适，久而久之，有可能会出现消化道病症、低血糖等症状。

2. 心理方面

对于早恋者而言，早恋是一个既充满欢喜又充满苦闷的过程。由于对对方的爱恋，早恋者常常因为对方的苛刻要求而产生情绪变化；也有可能因为早恋受到来自父母、同学、老师的压力，造成心理失衡；当不能与恋人见面时，早恋者常常坐卧不安而沉迷于幻想，在幻想中企求慰藉。如果这种心理发展过深，少部分人会抑制不住自己的情绪而与异性发生性关系。

3. 干扰学习

由于早恋者自我控制能力差，往往无心学习，成绩下降是十分常见的。早恋者又普遍缺乏责任感和伦理道德观念的约束，或沉迷于此，或造成身心损害，在之后的学习生活中，无法振作，无心学习，成绩下降，生活紊乱。每个年轻人都有自己的理想、宏伟的抱负，都希望成为社会的有用人才，甚至是栋梁之材；任何理想、抱负的实现都离不开勤奋努力、学习知识。青少年时期，正是为各方面的成长、发展奠定基础的最佳时期，可谓黄金时代。这个时期的中学生充满了青春活力，精力旺盛，思想活跃，记忆力强，对于新生事物极为敏感，是学习科学知识、提高各种能力的最好时期。因此，青少年应该全力以赴，专心致志地刻苦学习，为将来打下坚实的基础；应该树立远大的人生理想，努力培养和磨炼自己的意志，塑造美好的心灵，为造福人类、为最大限度地实现自己的人生价值，做好一切准备。如果这个时期被恋爱问题纠缠，必定分散学习精力，浪费大好时光，这无异于置一生远大前途而不顾。这种所谓的爱情，极可能葬送青少年的前途，待到以后追悔莫及。早恋危害如图10-2所示。

图 10-2　早恋危害

二、理性看待早恋问题

家长在了解到孩子的早恋情况以后，要做好自我心理调适，要加强对孩子的指导，做到沉着审慎，不急躁训斥；能够正视早恋，冷静地分析孩子早恋的原因；要以平等的姿态关心、理解孩子。

（一）家长要尊重孩子的人格和感情

尊重青少年在生活中的合理要求，这是取得孩子尊敬和信任的前提。在尊重的同时，要倍加关心孩子，对他们在学习中出现的失误，应及时地帮助找出原因、总结教训，耐心地做好疏导工作。此外，家长要从各方面理解孩子，尤其要理解孩子在青春期生理及心理的一系列变化及由此产生的各种现象和问题。只有家长抱以平等、真诚、信任的态度，孩子才会敞开心扉，才便于找出问题的症结。真正的教育并不是口头上的说教，而是人与人之间的相互接触和交流。

（二）鼓励青少年积极参加各种活动

青少年好动好胜，对文体活动、科技活动和各种比赛活动有着广泛的爱好和兴趣。家长和老师应鼓励早恋中的孩子积极参加各种活动，丰富他（她）的精神生活，把兴致、注意、精力都转移到活动中，转移到竞争中，转向渴求知识、发展智力、增强体质方面，转移到追求崇高的精神生活上来。这样一方面可以培养孩子对科技、文艺、体育等方面的浓厚兴趣和高尚情趣，如图10-3所示。另一方面，可以利用活动中健康、宽松的男女交往环境，在集体活动中进行正常的情感交流，增加孩子对多个异性的了解，逐步培养对异性的正确态度和纯真的关系，把握与异性交往的分寸，锻炼理智分析和冷静控制情感的能力。

图 10-3　积极参加运动

（三）积极面对，注重内在转变

面对早恋中的孩子，或许父母已经做了很多，但是这些都是外在的因素。要帮助孩子真正解决早恋问题，还需要家长相信孩子，鼓励孩子去面对问题、解决问题。父母要给孩子足够的时间和空间，让其去思考、去面对、去解决，使其自身内在的因素发生转变，这一环节在解决孩子的早恋问题上起着至关重要的作用。

总的来说，面对青少年早恋行为，老师和家长都应该积极疏导和适当限制，加以恰当的引导，告诉他们什么是健康的"爱"。家庭成员之间宽容和关爱，感情上给予孩子更多温暖和尊重。

具体做法如下：

（1）提高认识，着重疏导，不可盲目地批评和粗暴地扼杀；应该尊重、关心、理解孩子，加强情感沟通。

（2）帮助孩子提高认识，正视早恋。

（3）及时与老师联系，共同指导孩子多参加各种活动，转移情感；开展活动，友爱互助，积极倡导与异性的健康交往。

（4）优化家庭环境。

（5）鼓励孩子勇敢地去面对现实、解决问题。

喜欢一个人不是错，但如果在不成熟的季节里表白了，那就是错，而且是大错！那不仅害了自己，也害了对方。十六七岁刚刚萌动的情愫，它一面是天使的微笑，一面又是魔鬼的毒咒。

青春这朵含苞待放的花蕾，只有在摄入了充足的养分，在清新的环境里，才会绽放出绚丽的色彩。学习阶段正处于为今后奠定基础的黄金时期，应全力以赴。因早恋分散精力，如夜不能寐、牵肠挂肚、难舍难分等，耽误学习的大好时机，待回头再看时，留在记忆里的全部是涩涩的痛楚和无比的惋惜。早恋之花如图10-4所示。

图10-4　早恋之花

单元三　正确认识人际交往

一、中职生人际交往的影响因素

（一）自我概念与人际交往

自我概念是一个人对自己是什么样人的一种认识。它引导我们对自我和对他人信息处理的过程。自我形象是对自我概念的知觉，由自我评价所组成，并且受我们的经验和别人的反应的影响，自我认识是对生理自我、心理自我、社会自我的认识和评价。

自我形象的正确性：自我形象的正确性依赖知觉的正确和我们处理知觉的方式。正面自我形象表现为能够正确认识自我，自爱、自尊、自信。负面自我形象表现为不能正确认识自我、接纳自我，自卑自怜。

（二）关系结构与人际交往

空间距离。人与人之间在空间位置上越接近，越容易形成彼此之间的密切关系。如上下铺同学，因为空间距离的接近，双方相互交往、相互接触的机会更多，彼此之间容易熟悉。

交往频率。交往是人际关系的基础，人们只有在交往中才能彼此了解和熟悉，进而相互帮助、建立友谊。交往的频率越高，越容易形成共同的语言、共同的态度、共同的兴趣和共同的经验等。否则，交往频率过少，可能会产生冷落之感，以致感情疏远；不过，交往频率过繁，也可能破坏对方的工作和生活秩序，引起反感。人与人之间若对具体事物有相同或相似的态度，有共同的语言、理想、信念和价值观，就容易产生共鸣、同情、理解、支持、信任、合作，从而形成密切的关系。交往的重要性如图 10-5 所示。

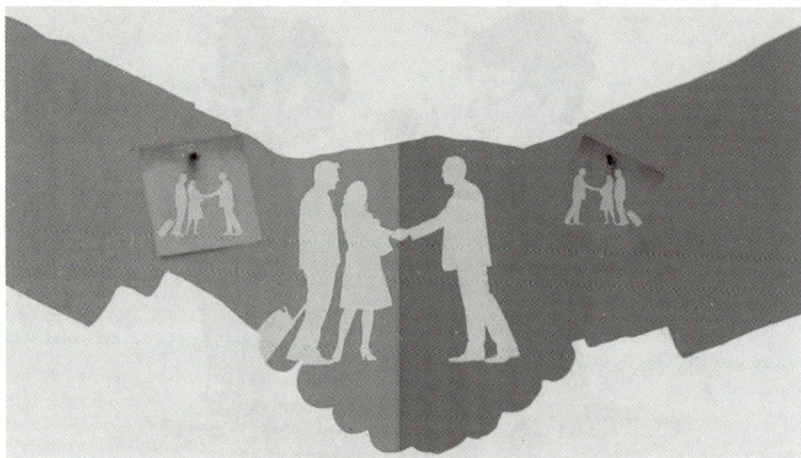

图 10-5　交往的重要性

二、中职生人际交往的重要性

交往是人健康成长的基本条件。马斯洛认为，人人都具有这样一种基本需要：需要归属于一定的社会团体，需要得到他人的爱与尊重，这些社会需要是与吃饭穿衣等生理需要同等重要的不可缺失的需要，否则，将使人丧失安全感进而影响心理健康。社会学与人类学的研究更加肯定，群体合作具有生物保存与适应的功能。如果没有群体的合作，不仅是人类，许多生物都会灭绝。马克思曾指出：人的本质是各种社会关系的总和。没有了社会关系，人的本质也无从规定。

（一）人际交往对人的发展有深远意义

著名的心理学家罗杰斯提出的人际关系哲学十分强调人际交往对个体成长的意义。罗杰斯是基于自己的成长经验得出这一结论的。罗杰斯出生于一个虔诚的宗教家庭，因为周围的邻居都是异教徒，所以从小就被父母关在家里，不让他与邻居的孩子一起玩游戏，他感到非常孤独。离群索居的童年生活使罗杰斯非常渴望友谊，在别人看来普通的人际交往，在他看来都非常珍贵。后来他创立了自己的人际关系理论，将人际关系上升为一种哲学。他认为人与人的交往是可能的，人们不仅可以交流思想，而且可以分享许多隐秘的情感；对未来的梦想、内心的感受、隐秘的冲动……人际交往不仅是可能的，而且是有益的。通过沟通相互启迪、丰富彼此人生；在友谊关系中，人们相互接纳及彼此探索，可以促进个人的成长，满足其自我实现的需求。

（二）人际交往有助于增进交流，协调关系，促进健康和完善个性

戴尔·卡耐基曾说："一个人事业的成功，只有15%是由于他的专业技术，另外85%要靠人际关系和处世的技巧。"人生是在交往中度过的，人生的每一个阶段必然与一定的人际关系相联系。从这个意义上讲，良好的人际关系是集体和个人生存与发展的有利环境。它可以产生合力，使人团结协作，充分发挥群体的效能；形成互补和激励，使人们互相学习、取长补短，产生激励向上的积极情绪；促进信息交流，使人们增长知识和能力，不断完善和发展自身，从而促进社会安定，推动精神文明建设。不良的人际关系则阻碍人的自身发展。

（三）人际交往是治疗心理障碍的重要资源

对于各种严重的精神障碍及心理危机的干预，虽然方法不同、技术各异，但有一个共同点，都需要配以支持性心理治疗。所谓支持性治疗，最重要的支持是来自周围亲人与朋友的关心与理解。当人感到悲观失意、抑郁不快时，有亲人的安慰与关怀，会感到精神的慰藉与支持，从而获得战胜困难的勇气。因此，亲情、友情和爱情都是我们生命中重要的社会支持系统，要加倍珍惜，也要设法开拓。

（四）人际关系是一把双刃剑

一个人的痛苦和不幸也常与人际交往的不成功有关。当人际关系和谐融洽时，会带给人愉快、充实、幸福、成功、欢乐的感觉，并能充分调动起人的积极性；而当人际关系紧张、失调时，又会给人带来烦恼、痛苦、失望、忧伤和阴影。在心理咨询的实践中，人际交往常常是中职生来访者问题中占第一位的。中职生的一些其他心理问题也直接或间接地与人际关系不适有关。比如，部分中职生情绪低落，注意力不集中，学习成绩明显下降，原因之一就是令人烦恼的人际关系；有的中职生不愿参加集体活动，其真实原因可能是感到自己缺乏影响力，或者是社交经验缺乏，或者是对集体中某些人不满；有的中职生对别人不信任，认为周围的人都在议论他，说他的坏话，其原因可能是与同学发生了矛盾。人际交往不当会给中职生带来不良的心境，有的影响彼此的关系，甚至影响学业的完成；有的人孤独、空虚、抑郁、自卑，甚至产生自杀的念头，是因为没有与同宿舍的同学处理好关系而遭孤立。

单元四　科学处置学习受挫

一、中职生学习受挫的原因

我国中职教育方兴未艾，但是职业教育工作者比较普遍面临的困扰和困惑，是中职校学生学习心理均有不同程度受挫。分析原因，外在因素：其一，社会世俗偏见和显失公平的评价，屡遭冷遇强化了消极暗示。其二，社会文化负面因素影响、一些媒体误导，一些学生脆弱的心理备受侵蚀，以致人生观、价值观的错位。内在因素：自信力的缺失、自暴自弃的心理行为突出，学习被动，意志薄弱。这些问题都是当前职业教育待解决的现实问题。

（一）世俗偏见与社会畸形评价

"望子成龙"的价值取向扭曲了许多人，忽视甚至不认识个体具有潜在的多元智能，特别是传统的对人智商的品评，限制了多元化人才的成长和培养。社会上评价的导向作用是一股极其强大的影响力。在"分数至上""升学第一"的传统教育中，学科考试成绩和升学率是评价教育的重要甚至是唯一的标准。由此成为"名校""重点校"和"差校"及"品牌"效应的晴雨表，"尖子生""后进生""差生"也由此"应运而生"。被普通中学"分流"出来的"差生"选择只有两种：其一就是辍学，过早地进入社会，扩充新一代"盲流"队伍；其二就是无奈地进入"技校""职专"。这些"分流生"在显失公平的评价面前，悲观消极情绪的心理暗示更加强烈，即使进入中职学校，也难找回自信和自强。况且社会、家长甚至一些老师都把升入中职校学生视为"列入另册"。这是中职校学生产生厌学情绪的环境诱因。

诚然，要明确树立多元多维的评价观，我们必须打破那些与当今时代不适应的陈旧的评价观念，彻底摒弃以分数比优势、以升学论英雄的压抑人的个性成长的评价标准。以科学发展观为指导思想，确立具有鲜明时代特色的评价观。而这种评价观应该是动态的、多样的，并且应该通过各种渠道，采用多种形式，在多种不同的学习情景和实际生活中进行，确实考查学生解决问题及创造初步的精神产品和物质产品的能力。教师还应该从各方面观察、评价和分析学生的优点、弱点和综合能力，由此获得的信息作为服务于学生的出发点。进而以此为依据选择和设计适宜的教学内容和教学方法，使评价真正成为促进每一个学生智能充分发展的有效手段。这种评价能给学生多一分鼓励、多一分信心、多一分成功，让他们分享"天生我材必有用"的愉悦。

（二）社会文化负面影响的潜在影响

现代信息技术突飞猛进地发展，但是由于对网络信息监管乏力，色情、凶杀、刺激、低俗的内容充斥污染了网络天地。大部分学生由于缺乏自制力，一旦涉足网络世界，往往深陷而难以自拔。审美情感体验的错位，使他们对健康的正面的科学知识往往难以接受，这就加剧了厌学情绪的产生，职业学校学生这种心理情绪更加突出。当今社会誉感觉贬理智、誉调侃贬拼搏的思潮日益蔓延。这种思潮跟着感觉走，鄙视理性思考，奚落理论思维和理论学习，鼓吹以调侃游戏人生为新潮，将拼搏奉献贬为不合时宜的旧传统。于是新的"读书无用论"又得到心灵的呼应，中职生的学习心理再次受挫。

青年强，则中国强；青年兴，则中国兴。"以天下为己任"，社会每一个成员都应该高度重视净化网络，尽快以立法形式对网络、网吧进行监控，保证网络信息朝着服务现代建设和文明生活的方向发展，保证青少年身心健康发展。学校加强人生观、世界观、价值观教育之时，要彻底克服片面说教和刻意的制约形式。教师要走进学生的心灵世界，特别要关注弥补中职生学习心理的缺失，排除学习心理障碍，在潜移默化的氛围中逐渐树立正确的人生观、世界观、价值观，从而为学生助力，为学生动力添加能源，使学习有可持续发展的后劲，永不衰竭。

（三）学生个体心理因素的影响

学生的学习应当是积极主动的学习，而不是外部强加的被动的学习。人的发展是一个由他律走向自律的过程，即依赖性日益削弱、主体性内驱力日益加强的过程。然而，中职学生恰恰缺乏这种内驱力。他们缺乏自信、缺乏自强，总认为自己"不成材""没出息"，进不了普高门槛，低人一等，垂头丧气，消极低沉。带着这种心理定式，到了新学校，对新知识、新信息、新学习方式，特别是对专业实训课不认同，更有不少学生眼高手低、懒于动口、懒于动手、懒于动脑。当理想与现实的矛盾日益凸显的时候，他们的心里十分迷惘，"路在何方"的困惑一直困扰着这些学生。

"心病还需心药医"，学生个体心理因素是极其微妙和复杂的，学习心理构成是需要长期精工细作的"软件工程"。教育工作者要以博大的胸怀包容学生种种弱点，用爱的阳光驱散他们心里的阴霾，用爱的甘露滋润他们心灵的荒漠。培养中职生健康的学习心理，首先要增强自信心。凡事都要有一个必成的信念，教师平时要及时抓住学生自信的种子，剔除自卑自暴的沙砾，给自信心一片浸润的土壤——因为自信心是通过一次次的成功增强而得到升华的。其次，帮助学生建立符合自身实际情况的"抱负水平"（是指个体将某件事做到某种程度的心理需要），教师善于引导学生如何给自己在求知的过程中准确定位。定位太低，激不起奋斗热情，反之则引起惰性。定位准确与否关系到学生未来发展的水平高低。最后，给学生以成功的充分心理体验，满足其成就感。每个孩子都是一个潜在的天才少年，知识经常表现为不同的方式，对于每一个孩子的发展最重要最有用的教育方法是帮助他寻找到一个他的才能可以尽情施展的地方，在那里他可以满意而能干。因此，中职校教师不仅要对学生有积极的期望和合理的要求，而且还要努力为学生创造成功的机会，对学生的认知和非认知的特点进行组合优化，把总体的长远的要求分解成一个一个"链环"，然后逐渐连续递进，形成一条成功的"链"，由此促成良好学习心理的形成。

二、受挫承受力的培养途径和方法

（一）提高挫折认知水平

"宝剑锋从磨砺出"，挫折是对一个人生命价值的磨砺。它就像一把双刃剑，既会让人感到痛苦与不幸，也可以使人在与困难做斗争中获得经验和信心。要以客观的态度承认挫折的存在，不要回避它，以积极的心态去面对挫折，只有在承受和克服挫折的努力中，才能发现自身的不足，进而发挥潜能，更加努力地学习完善自我，把挫折变成人生财富。

（二）正视情绪问题

每个人或多或少都有一定的消极情绪，如果你产生了消极情绪，不要去压抑或是掩饰它，要正视自己的情绪。而且，消极情绪也是对我们的提醒，例如，你正在为与同学的矛盾而苦恼，这种苦恼正是在提醒你调整自己的人际交往方式。

（三）学会合理宣泄、疏导

当你心中出现的种种烦闷、苦恼、痛苦等消极情绪无法宣泄时，可以寻求老师、家长和朋友的帮助，把心中的不快、郁闷、困惑等倾诉出来，如图10-6所示。也可以进行自我宣泄，放声大哭、运动等都已证明是调节消极心理的好办法。

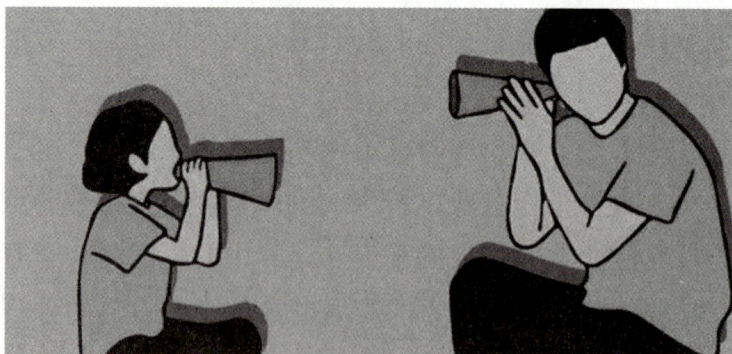

图 10-6　倾听与倾诉

（四）重德才轻名利法

重视德和才，加强自我品德修养，积极向伟人学习，努力搞好学业成绩和提高能力；淡泊名利，这样就会不为名利所动，心平如镜，自然会增强耐挫能力。

（五）名言警句调节法

在书本扉页、床边、墙上等较显眼的地方贴上有针对性的名言、警句、格言，以提醒自己，控制过激情绪，并激励自己上进。

（六）转移法

受到挫折、思想负担过重时，要想办法转移精神上的压力，缓解情绪。如大声唱歌，到户外散散步，找好朋友倾诉，画画等。这样，就会逐渐忘掉挫折，开阔胸襟，缓解精神压力，以便寻找更好的解决受挫的办法。

（七）宽容法

要正确认识自己，若一味苛求自己，往往会给自己加重精神压力，以致削弱耐挫能力，造成自责自罚的内疚心理。要明白世上没常胜将军，不面对富有挑战性的任务就不会有进步。要正确认识受挫的价值，受挫有助于从正反两方面汲取知识，只有从正反两方面汲取的知识才是健全的、准确的、清晰的。应把受挫看作一种推动力，增强忍耐力，不怕受挫，在哪跌倒就从哪爬起，遇到挫折要学会适当宽容自己。

（八）调整目标法

当一种动机和行为由于自身条件或社会因素的限制，经过再三尝试仍不能达到目标时，就要调整目标或降低要求并改变行为方向，退一步海阔天空，以减缓心理上的冲突，增强前进的勇气和信心，也能扬长避短，积极进取。积极引导学生进行自我分析、自我反思、自我剖析、全面认识、评价矫正，在实现目标的实践中找出自己以前目标中"理想的自我"与"现实的自我"的矛盾，确立符合自己现实的目标，达成新的成功体验，树立新的符合自己实际的较高的目标，以此调节控制自己的耐挫心理。

（九）群体活动法

通过群体活动，采用"一帮一"等形式，把不同情况的学生结成互帮对子，共同克服困难，增强耐挫能力，通过课外活动等增强其集体荣誉感，使其在集体活动中受到教育，体会到自己也是集体中不可缺少的一员，增强其信心，提高耐挫能力。

（十）比较法

要与周围同学进行横向比较，提高竞争意识，也要善于纵向比较自己的过去和现在，只要有进步，哪怕慢，也不要自卑和气馁，永远不要自暴自弃，要不断鼓励自己，正确认识自己的短处，并能和自己的短处和平共处，这样心理压力自然会减轻，自会增强耐挫能力。

单元五　改正不良生活习惯

一、不良生活习惯

不良生活习惯是指所有有碍健康（包括生理健康和心理健康）的习惯。常见的有不良行为习惯、不良学习习惯、不良作息习惯等。

不良生活习惯问题虽然与遗传基因有某种程度上的关联，但最重要的是与日常生活习惯（饮食生活、运动、休息睡眠等）有着极其密切的关系。中职生不良生活习惯会导致青春期亚健康。改正生活陋习，会促进青少年身心健康发育，以及避免其他病症的发生。

二、常见不良行为习惯

有研究表明，在影响人类寿命的因素中生活方式占60%，遗传因素占15%，社会因素占10%，医疗因素占8%，环境因素占7%。可见生活方式对于青少年发育以及健康长寿都起到了决定性作用，远超过医疗。

（一）不良学习习惯

1.主要表现

（1）不遵守作息时间表，不制订学习计划。

（2）课上精神不集中，课下做作业拖拉、效率低下。

（3）快下课时听不进讲课内容，早早收拾好书包，心中开始想着课后的娱乐活动。

（4）应付学习，不懂也不问，偏科。

（5）做作业前不看书，做完作业不相信自己，总要找人对对答案才放心。

（6）不善于利用工具书，不善反思。

（7）平时不复习，考前"开夜车"。

（8）只关心分数，而不对作业、考卷进行分析检查，听不进对学习的批评。

（9）学习易受情绪影响，学习耐挫性差。

（10）看黄色书刊，浏览黄色网站。

2.影响及危害

（1）缺乏责任心，不考虑自己的责任，不受失败影响，对任何科目都不会因自己无能而不安。

（2）缺少毅力，制订的计划只能坚持一周左右，总不能完成计划。比如面对单调的背诵，脑子里经常出现"得了，明天再背，反正老师后天检查"的想法，第二天又想，"明天早晨起来再背"，谁知早晨就起不来了。

（3）不能保持注意力，常在学习时走神，胡思乱想做白日梦，有时一边吃零食一边做作业，一边听广播、看电视一边做作业。

（4）随着年级的升高、学习的加深、作业的增加，个别学生没有合理安排时间，有时在学校或放学路上闲逛，回家又不抓紧时间，于是熬夜，睡眠不足，或者中午赶着做作业。由于从小就没有培养好的学习习惯，影响了学习和身心健康。

3. 改正方法

（1）注重勤奋训练，营造积极的学习氛围。

（2）提高教师的教学水平，教会学生学习方法。

（3）培养学生良好的预习习惯。

（4）培养学生良好的课堂学习习惯。

（5）培养学生良好的自习习惯。

（6）家校合力，关爱学生。

（7）注意评价和激励，使学生树立学习自信心。

（8）处罚适当。

（二）不良作息习惯的影响及危害

1. 失眠、精神差

睡觉本来就是给人体休息的时间，却还要在睡前玩电脑或手机，电脑、手机的信息会刺激大脑的兴奋中枢，而且据国外媒体报道，睡前玩电脑、手机超过一小时，会影响人体健康，但又不得不继续玩下去，形成恶性循环。

2. 视力下降、患眼疾

白天的工作与学习已经不得已长时间对着电脑和书本资料，到晚上要休息轻松时还要玩手机，无疑使对眼睛的伤害雪上加霜。由于手机的光线强度不稳定，加上电子辐射的存在，对眼睛角膜和晶状体的压迫和损害就加强了，容易患青光眼、干眼症等疾病。错误的用眼方式如图10-7所示。

图 10-7　错误的用眼方式

3. 影响皮肤

睡前玩手机，这样近距离的屏幕跟面部接触，辐射的覆盖程度就提高了，对皮肤的影响就随之加强，会使皮肤暗黄没有光泽，还容易长痘痘。

4. 改正方法

心理亚健康是一个心理问题，不是一种疾病，面对心理亚健康，我们必须积极对待，在发现征兆的时候，就努力找出最好的解决办法，绝不能拖延。当然，心理亚健康只是较平常认为严重的心理倾斜，并不是心理问题，正确对待，积极解决，能很快得到恢复。

改正方法：

（1）**生活起居习惯：**按时睡，按时起，每天应睡足 8 ～ 10 小时，夏季保证 20 ～ 60 分钟午休，睡前不要吃得太饱、喝得太多、玩得太累，平时保持坐、立、行走的正确姿势。

（2）**清洁卫生习惯：**早晚洗脸刷牙，饭前便后要洗手，勤洗头理发，勤换衣服，勤剪指甲，随身带手绢手纸，不乱扔果皮纸屑，不随地吐痰，不在墙壁、桌子上乱刻乱画、乱涂乱抹，不随地大小便，不在嘴里乱咬东西（如铅笔、指头等），口杯、毛巾要专用。

（3）**饮食习惯：**定时定量，营养要全面，不偏食、不挑食，吃饭要专心、愉快，细嚼慢咽。不吃零食，不吃霉烂变质等不洁食物。不喝生水，不吸烟，生吃瓜果要洗净。

（4）**用眼卫生：**一双眼睛一对宝，从小就要保护好。读写坚持三个"一"：眼离书本一尺①，握笔手指离笔尖一寸②，胸离桌沿一拳。走路、躺着、乘车、过强过亮灯光下切莫把书看，长时间读写害处多，作业字小眼疲劳。

（5）**体育锻炼要求：**积极参加各种活动，每天保证活动一小时，饭前饭后不做剧烈活动。

小知识

神经衰弱的原因

超负荷的体力或脑力劳动引起大脑皮层兴奋和抑制功能紊乱，产生神经衰弱综合征。据有关资料统计，脑力劳动者发病率占 96% 以上，这也间接地说明神经衰弱与过度脑力劳动有关。但是，有些人虽然压力大，也经常熬夜，大脑长期处于紧张状态，也未发生过神经衰弱。这说明任何事都不是绝对的。而预防本病的发生，应该记住"劳逸结合"。对于中职生来说，应该正确对待学业和就业压力，及时纾解自己的紧张情绪，多倾诉、多运动、多休息，让自己的身心得到舒缓。

中医认为不良情感诱发疾病，即喜、怒、忧、思、悲、恐、惊。如狂喜可致精神病，《范进中举》这篇小说说范进一心想中举，几次考试都落榜，由于勤奋学习，终于实现他多年来的愿望，过分兴奋而患了"癫狂病"。这说明任何一种不良的心理状态都会引起身体疾患。

中职生要认识到，在学校与生活中会有很多失意之事，如成绩不理想、家庭关系不和谐、与同学或室友间的关系不好等。如不能正确对待，均可引起神经衰弱症。

---

① 1 尺 ≈ 33.33 厘米。
② 1 寸 ≈ 3.33 厘米。

课后测试

1.你对中职生活有何看法？

2.抑郁症有哪些症状？如何治疗抑郁症？

3.什么是人际交往，人际交往有哪些作用？

4.中职生人际吸引有哪些特点？

5.结合现实生活谈谈如何做才能拥有好人缘。

6.如何培养健康的心理？

7.当遇到不愉快的事情时怎么办？

模块十一　求职安全

学习目标

1.掌握劳动法律知识
2.学习如何抵制传销骗局
3.了解如何防范求职陷阱

导语

法律是社会的习惯和思想的结晶。

——［美］托·伍·威尔逊

案例引入

　　赵某在人才交流市场初步与某家公司达成就业协议，但公司要求每个人先交纳400元的服装保证金，用于制作工作服，离开公司的时候，400元全部退还。一个月后，赵某按照约定来到公司办公地点参加培训，却发现该公司和主管人员早已人去楼空，才知自己上当受骗。据了解，在这起诈骗案中，有150多名求职者上当受骗，其中大多数是刚刚毕业的学生。

　　文文是某职校的一名学生。临近毕业，出现"就业焦虑"的他一直想自己创业，遂在网上发帖"求教"，很快就看到了一个回帖："我有一个创业好项目，扫码领红包，投入少，收入高，赚钱快，日入1 000不是梦，有兴趣的加微信……"文文与对方互加微信好友后，对方先给他发了一段语音，是个甜美的女声。于是，文文便叫她"小姐姐"。

　　这位"小姐姐"向文文介绍，说这个项目跟支付宝搞的"扫红包领赏金"业务有关，她这里有团队可以制作"支付宝扫红包领赏金"的程序脚本，将文文的支付宝账户信息编写进去，并架设服务器，把这个脚本发到网上，让他人扫描，便能赚到其中的赏金。为了让文文相信自己的说辞，"小姐姐"一连几天每天都发送自己的支付宝累计获得的赏金截图。看到对方每天真的能收入上千元，文文心动了，主动询问对方怎么投资。"小姐姐"告诉他，支付宝这个活动可以持续做一个多月，他只需投入2万元，就可以每天至少赚2 000元，两周不到就可回本，一个月收益可以翻倍。已经完全相信了对方的文文很快凑齐了2万元，通过微信转账给了对方。可对方收钱后迟迟没有消息，文文再与其联系，发现自己已经被拉黑。

上当受骗的文文报警，不久，公安机关将犯罪嫌疑人张某抓获。这个张某并不是什么"小姐姐"，而是一个年仅20岁的无业男青年，而且支付宝并未开通任何这样的业务，支付宝收入的截图是"小姐姐"在网上PS后发给文文的，为的就是欺骗文文。

刚毕业的中职生多急于就业，一门心思地物色各种工作，一旦觉得有希望就会奋勇而上，却往往忽视了对工作职位所在单位的客观审视。一些用人单位恰恰是抓住了求职者的这种心态，在招聘过程中设下各种侵权和违法的陷阱。这种行为不仅会让初入社会的学生对社会产生恐惧感，还会给学生造成精神或者物质上的伤害或损失。

单元一　掌握劳动法律

一、劳动法的概念

劳动法是调整劳动关系以及与劳动关系密切联系的其他社会关系的法律规范的总称。

从法理学的角度来看，劳动法有广义和狭义之分。广义上的劳动法指具有立法权的主体制定的调整劳动关系以及与劳动关系密切相关的其他社会关系的法律规范总称，包括法律、行政法规、部门规章等，主要有《关于工资总额组成的规定》《工资支付暂行规定》《退休年龄相关规定》《企业劳动争议处理条例》《关于贯彻执行<中华人民共和国劳动法>若干问题的意见》《最低工资规定》等。狭义上的劳动法仅指由全国人民代表大会及其常务委员会制定的调整劳动关系以及与劳动关系密切相关的其他社会关系的法律。1994年7月5日，第八届全国人民代表大会常务委员会第八次会议通过的《中华人民共和国劳动法》，自1995年1月1日起施行，这是狭义上的劳动法。劳动法与用人单位的图示如图11-1所示。

图11-1　劳动法与用人单位的图示

二、劳动法的调整对象

法律是调整社会关系的行为规范，劳动法的调整对象是劳动关系以及与劳动关系密切联系的其他社会关系。劳动法的调整对象如下：

（一）劳动关系

劳动关系是劳动者按照劳动合同为用人单位提供劳动过程中形成的社会关系。劳动者为用人单位提供劳动，用人单位支付工资，劳动者与用人单位在劳动过程中形成劳动关系。劳动关系的一方主体是劳动者，另一方主体是用人单位。劳动合同法相关图示如图11-2所示。

图 11-2　劳动合同法相关图示

（二）与劳动关系密切联系的其他社会关系

劳动法还调整与劳动关系密切联系的其他一些社会关系，这些关系本身并不是劳动关系，由于这些关系与劳动关系密切相关，因而受劳动法的调整。与劳动关系密切相关的其他社会关系包括以下几个方面。

1. 劳动管理方面的关系

劳动管理方面的关系是劳动行政主管部门以及其他业务主管部门与用人单位之间因职工招聘、录用、流动、培训等发生的关系。

2. 工会活动方面的关系

工会活动方面的关系是工会组织职工参与民主管理、维护职工合法权益而与用人单位之间发生的社会关系。

3. 劳动保险关系

劳动保险关系是社会保险机构与用人单位以及劳动者之间因实施社会保险而发生的关系。

4. 劳动争议处理关系

劳动争议处理关系是劳动争议调解机构、仲裁机构、人民法院等因劳动争议处理与用人单位、劳动者之间发生的关系。

5. 劳动监察关系

劳动监察关系是国家劳动行政部门、卫生部门等与用人单位之间因监督、检查劳动法律法规的执行而发生的关系。

（三）劳动合同签订的基本原则

劳动合同的订立，是指劳动者与用人单位之间为建立劳动关系，依法就双方的权利义务协商一致，设立劳动合同关系的法律行为。订立劳动合同的原则是指劳动者与用人单位在订立劳动合同时必须遵循的基本准则。《中华人民共和国劳动合同法》规定，签订劳动合同要遵循平等、自愿、协商一致的原则，不得违反法律和行政法规的规定。劳动合同依法订立，即具有法律效力，当事人必须履行劳动合同规定的义务。

1. 平等原则

平等原则是指订立劳动合同的双方当事人法律地位平等，因此，毕业生应该依据《中华人民共和国劳动合同法》的规定，理直气壮地要求与用人单位签订劳动合同。在合同上签字前，要仔细阅读合同条款，对内容含混的条款要坚持改写清楚，对不合法的内容要据理力争，以维护自己的合法权益。签订劳动合同如图11-3所示。

图 11-3　签订劳动合同

小华刚刚应聘到一家公司上班，当初公司与小华签订了为期一年的劳动合同，规定的试用期为一个月，可是该公司却经常要求员工加班，而且劳动强度非常大，因此小华上班半个月后，就不想干了。谁知，小华的辞职请求却被公司拒绝。小华咨询了律师，想问问该公司有没有权力强迫自己继续工作。该公司无权阻挠小华解除劳动合同。《中华人民共和国劳动合同法》第三十七条规定：劳动者在试用期内提前三日通知用人单位，可以解除劳动合同。虽然小华已经与公司签订了一年的劳动合同，但目前依然是在试用期内，假如发现用人单位工作不利于自己将来的发展，不必有什么顾虑，可以断然行使解除劳动合同的权利，并且处于试用期的劳动者不必向用人单位说明任何原因和理由，只要提前三天通知用人单位即可，而用人单位也无权阻挠劳动者离开。

2. 自愿原则

自愿原则是指劳动者要完全出于自己的意愿签订劳动合同，用人单位不能强迫或欺骗劳动者签订劳动合同。2021年，在某省教育厅的统一安排下，某技校二年级学生全数被转移至某公司实习上班。技校学生经过一天的体检、分配宿舍和工种，一切安排妥当，准备第二天签订劳动合同。

第二天，所有学生都云集会议礼堂，准备与该公司签订劳动合同，而合同中的一项规定却引起了学生们的不满，很多学生准备离开会场。谁知，学生们走到礼堂门口，却被保安挡住去路，当时会场气氛一度非常紧张。之后，信息部的学生因不满公司对待他们的态度，开始在会场里摔打板凳，而保安也开始用暴力手段对待学生，双方矛盾进一步激化。

随后，陆陆续续地有大批学生返回宿舍。这中间，有1名学生与保安发生了口角，以致后来发展到了推搡。旁边有几个同学出于好心，想上去拉开双方，谁知保安对上来劝架的学生动起了手。一石激起千层浪，学生们与该保安发生了身体冲突，随后该保安打电话叫来另外几名保安，一个个手持铁棍、砍刀，扬言谁要是敢出大门就砍死谁。随之学生们一拥而上，将几名保安赶跑。

在中午就餐时，饿了一天的学生集体来用餐，谁想餐厅服务人员对学生们的态度很恶劣，愤愤不平的学生又开始打砸食堂，表达自己的不满。

此事在当地引起了很大的社会反响，最终学校将这2 000多名学生带回学校，此事算是有了最后的了结。

该公司以近乎强迫的手段，让学生与其签订不平等合同，本身对其企业形象就是莫大的损伤。保安极不可取的做法，更是在社会上引起了不小的负面影响。在此提醒学生就业者，当遇到强迫签订合同的情况时，绝对不可妥协，要维护自己的利益。

3. 协商一致原则

协商一致原则是指劳动合同的各项条款是经过平等协商、取得一致意见后签订的。静静应聘进一家化妆品公司做销售工作。当初她和公司签订劳动合同时，为了避免自己的权利受到损害，叫上了做律师的舅舅把关。当遇到不合理的条款时，他们就和公司进行交涉，最终意见取得一致后才签了约。比静静先来的同事都后悔，当初没有像她这样找个把关的人来，白白地损失了自己的利益。

4. 合法原则

合法原则是指签订劳动合同的双方不得违反法律和行政法规的规定，也就是说，订立合同的主体和内容必须合法。柳芳在大学毕业后，找工作屡屡碰壁，究其原因是自己学校没有名气，而且专业也不吃香，再加上自己来自农村，没有什么特长，而她又想留在上海这座大都市工作。找工作的压力令她只好将就业目标暂时定在体力劳动上。为此，她经常出现在人才市场的门口。

有一天，一位打扮入时的大姐张某停留在她的身边，在问明柳芳的具体情况后，张某说她家需要一个保姆，问她愿意不愿意去做，每个月工资5 000元。在上海，这个工资不算高，但也够生活。于是，柳芳决定把张某的家做跳板，以后有了好工作再离开。但是来到张某家后，柳芳发现一群人每天聚在这里开传销会，柳芳担心自己被牵扯进去，决定立刻报警。

单元二　防范求职陷阱

一、求职安全防范

中职学生是未来主要的从业人员。众所周知，德国是世界上的制造强国，在德国启动工业4.0战略的背景下，我国也正在借鉴德国的职业教育模式来加强本国职业教育，提倡工匠精神，大力发展实体经济，国家越来越重视制造业。近年来，我国工业制造水平突飞猛进，高铁、核电、航空、电子、人工智能、船舶、通信、军事等高精尖制造业国际竞争力越来越强。大批以科技创新崛起的中国企业跻身于世界前列。我国出口产品已经不再是低附加值低品质的生活用品，而是高附加值高品质的工业制造精正是强大的制造业，高水平的技术制造人员。这促使用人单位对相关技术型人才的需求空前迫切。中职学生是制造业的基础动力，是职业教育的主体之一，对他们进行相关的职业安全教育有利于其更好地走向社会、适应社会。同时从长远意义上看，有助于他们未来的身心健康。

随着中职学生数量的增加和就业压力的不断增大，中职学生的就业焦虑也越来越高，求职心情非常迫切，很多大龄中职毕业生更是如此。许多毕业生为了找到一份满意的工作，广搜信息，只要是符合自己意愿的招聘信息，就积极行动，绝不放过，但这也给不法分子造成了可乘之机。有的不法之徒利用中职学生求职心切的心理，巧设名目，设置求职陷阱，给中职学生再次求职蒙上难以抹去的阴影，造成恶劣的社会影响。面对这些问题，除了学校要加强安全防护措施外，中职学生自身在求职过程中更要注意提高警惕，增强自我安全防范意识。

中职学生的第一次就业往往是在实习中表现好的被留下来，第一次就业率还是很高的，但是中职学生的守职率却很低，往往两三个月就想跳槽或是嫌苦嫌累回到家中。中职学生多数第一次就业的年龄为十七八岁，在家没吃过苦，娇生惯养，花钱大手大脚，在单位往往又是干最基础的工作，开始时工资不高，经常入不敷出。在学校学习了知识、技能，到单位却只是从事一些低技能甚至不需要技能的工作，与心理期望产生偏差，这也导致中职学生的高流失率。

很多中职学生辞职后，所从事的职业和在学校的专业没有相关性，甚至一些人的想法是只要挣钱多干什么都可以。殊不知这种想法的可怕性，未知领域正打开陷阱等待着他们。求职陷阱如图11-4所示。

图 11-4　求职陷阱

（一）求职中的常见陷阱及防范措施

1. 求职过程中，经常会遇到的陷阱类型

（1）**不通过正规的渠道招聘。**人员招聘是单位的一项重要工作，是企业形象的重要组成部分，一般单位对该项工作是非常重视的，会派专人通过正规的渠道招聘。不要毫不防备就把自己的简历等材料交给用人单位。

（2）**要求应聘者交纳"保证金"等费用。**刚参加工作，薪酬不高是正常的。相反，如果出现一个不熟悉的单位提供高薪时，毕业生就应该提高警惕，因为不少不法人员企图利用高薪待遇的幌子，骗取毕业生所谓的押金、培训费、服装费等。在当前的就业形势下，毕业生千万不要相信在工作初期就很容易获得高收入，对有些单位提出的所谓押金、培训费、服装费要敢于说不。

（3）**要求应聘者介绍他人加盟。**有些学生因被骗而涉足非法传销，到头来后悔不已。因此，毕业生在求职的过程中如遇到用人单位对你非常主动，把加盟后的前景说得异常振奋人心，并要你介绍朋友和同学一起加入时，就要想想这句老话："天上是不会掉馅饼的。"

（4）**不签订就业协议书。**就业协议书相当于一份合同，是毕业生人事关系的依据，在正式签订就业合同前，就业协议书也可以起到合同的作用。虽然就业协议书的条款没有合同详细，但是如不签订就业协议，毕业生的人事档案、户籍等人事关系就无法转入工作单位及所在的城市，而这些关系的办理涉及毕业生的切身利益，如办理社会保险、购买经济适用房、评职称等。因此，用人单位不与毕业生签订就业协议书，对毕业生的工作、生活、职业发展是不利的。很多中职毕业生认为自己的年纪还小，不在意协议书或合同，没有在用人单位所在城市扎根的打算，从而忽视协议书，一旦出现纠纷，自身的权益没法得到保护，最后吃亏的只能是自己。所以一定要重视协议书，因为它是自身权益的重要依据。毕业生应主动要求用人单位解决这些问题，并通过当地的人才交流中心协助办理人事档案、户口等关系的接收。

（5）**不将承诺写入合同。**用人单位对招聘中的内容并非必须承担履行义务。作为毕业生，如想要招聘单位兑现招聘广告中的承诺，最好将这些承诺写入双方的劳动合同条款中，由《中华人民共和国劳动法》的约束力来督促用人单位向毕业生履行承诺。如若只是口头约定，一旦用人单位反悔而产生纠纷，毕业生就只能吃哑巴亏，无法保护自己的合法权益。

（6）**招聘单位"无限期试用"。**依据有关规定，试用期人员底薪通常是正式员工的1/4，劳保用品、物质奖励、各种保险和其他福利等也不与正式职工享受同等待遇。因此一些用人单位为降低人力资本，大量招募短期员工，且不签订劳动合同，待三个月试用期满，就以各种各样的借口予以解雇。这样一来，求职者辛辛苦苦给单位以底薪干了几个月，然后被扫地出门。就这样，一群又一群学生被单位榨取劳动果实。实习期过长，以有问题为名予以辞退，这是中职学生以往找工作中的普遍遭遇。

（7）**假期工**。有的学生利用假期时间出去打工，如果在对方用人单位没有说明招聘的是假期工的情况下，一定要和用人单位提前说清楚是假期打工，最好有书面协议，以免日后工作期满辞职产生不必要的麻烦。如果用人单位明确指出招聘假期工，这种情况相对是比较理想的。一般用人单位都希望招聘来的员工能在工作岗位上干得长久，以保证用人单位的稳定运行。某校就有学生曾经在假期打工，没有提前告知用人单位是短期打工，只干了两个月就提出辞职，用人单位以各种理由拖欠工资，最后两名学生都被扣掉一部分工资。所以假期打工，一定要去知名度高、明确招收假期工或小时工的用人单位，如肯德基、麦当劳等知名企业。

2. 防范措施

同学们在求职过程中，要特别注意人身、财产、交通等安全问题，要提高警惕，注意识别和防范求职陷阱，特别是在外地，对当地情况不熟悉的情况下。

（1）多方面、多渠道详细了解公司情况及背景，看看公司是否正规，业务是否合法，单位是否拥有合法的营业执照和经营许可证，是否有投诉或不良记录等。只要是来校现场招聘的单位，学校就业办公室都会认真核实公司情况，请毕业生放心应聘。同学们了解单位情况的方法有很多，在网上搜索查询是了解单位情况的有效方法之一，如果一个招聘公司没有公司网站应特别注意。

（2）警惕卷入任何形式的传销活动，防止钱财被骗，保护好个人各种有效证件。一些单位或个人打着招聘的旗号，收取高额报名费、培训费、考试费、体检费等，甚至要求必须购买一定数量的产品，还有一些企业以便于管理为由向求职者收取押金，或抵押身份证。毕业生遇到以上这些情况时一定要加强自我保护意识，提高警惕。国家劳动部门早就明文规定，任何企业在招聘员工时，不得以任何理由、任何形式收取求职者的押金，或以身份证、毕业证等做抵押。一旦上当受骗求职者可向当地劳动保障监察部门或公安部门报警，寻求法律保护。

（3）非正规渠道获得的一些招聘信息，使得中职毕业生为之耗费了许多财力、人力和时间。非正规渠道的招聘信息，欺骗成分也会相当大。求职过程中一定要对信息的真实性与有效性进行审核。理智看待高职高薪，现在有很多虚假公司就是利用毕业生期望高职高薪的心理，打出诱人的薪水福利待遇来欺骗毕业生。大家在求职时应该理智地看待薪水福利等各种待遇，切不可盲目、不假思索。

（4）如果是通过职业介绍中心等中介机构找工作，一定要弄清其是否合法。正规的职业介绍机构具有合法经营资格及接受政府的严格管理，收费必须开具有效的票据。合法的职业介绍机构应持有《职业介绍许可证》《营业执照》等。

（5）防止网上求职上当受骗。网上求职作为社会信息化的产物，是一个发展趋向，毕业生网上求职时，要到正规合法的网站上，并且务必保护个人资料的安全，以防信息泄露，给行骗者可乘之机。即使是智联招聘、前程无忧等大的职业招聘平台上面刊登的招聘信息，也要详细查明招聘单位的合规性，做到心中有数。

（6）提高素质，练就本领。我们经常说的"好好学习"并不应该是一句空话，在学习当中可以提高综合素质和专业技能，从而更容易辨别真假并找到好工作。

（7）学会做人。学会做人是一个人的立身之本。据调查显示：情商低下、心理脆弱、知识陈旧、技能单一、反应迟钝、单打独斗、目光短浅、不善于学习、不守纪、怕吃苦，这十种人在求职的过程中很难找到理想的工作，且容易误入陷阱，走向歧途。

（8）定位准确，切勿好高骛远。中职生要正确认识自己，既不能悲观，也不要盲目乐观，不能异想天开，要对自己和工作有准确的定位。

（9）学会吃苦耐劳。外出实习就业，并不是让学生去享受的。同学们要记得天上不会掉馅饼，一夜暴富的概率几乎为零。

（10）收集信息，冷静思考。有关学生实习和就业陷阱的报道已屡见不鲜，大学生应多关注相关报道，提高警惕。应聘前最好先对招聘企业有基本了解，并对企业的招聘信息做出基本判断，不要轻信对方。

（二）面试应对策略

（1）在求职面试过程中，毕业生应保持高度的警惕性，擦亮眼睛，识别陷阱。在面试的第一天或职前训练的前几天，要留意该单位是否继续隐瞒工作性质。

（2）面试地点偏僻、隐秘或是转换面试地点的，或是要求夜间面试的，都要加倍小心。面试地点过于隐秘不要去。对于用人单位约你面试的地点，如果不是学校就业指导中心发布的信息，是你从其他渠道获得的信息，用人单位约你到宾馆或其他非公开非正式场合见面，绝对不能贸然前往。

（3）面试时，要注意以下环节：一是应详记该单位及主试官的基本情况及特征；二是对所提工作内容空泛不具体时，不要被夸大言辞迷惑；三是身份证、毕业证书等证件，不要押给对方，不可轻易出示银行账户号码及密码，以免不法之徒有机可乘；四是主试官说话轻浮、暧昧不清、眼神不正常等都是危险的前兆；五是如果有不安全、不对劲的感觉或不正常的状况，要以某种借口迅速离开该单位；六是拒绝不合理的邀约及要求；七是在面试时尽量不要随便喝饮料或吃东西。

（4）进行面试的过程中，如果遇到用人单位要训练费、材料费等，一定要慎重，千万不要为了保住工作盲目缴费。

（5）面试最好有同学陪同前往，并备有适当的防范器物。尤其是女生，要避免夜间到荒僻的地点面试。如果无法结伴而行，至少要将自己的行踪告知家长或同学，最好是让家长或同学知道面试的时间与地点。

（6）面试前后随时与同学、家长保持联系，并告知面试的地址及电话号码。

（7）要求提供亲友名单、身份证号码（复印件）的均可能有骗财危险，要注意避免。

二、求职牢记"三忌"

（1）**忌贪心。**看到"高薪"字眼首先要正确认识自己，然后再了解对方的背景。

（2）**忌急心。**毕业生急于找工作的心理让一些人找到了借机骗财的机会，这些人以各种名义收取应聘者的费用后，便人去楼空。

（3）**忌侥幸心。**求职者要对自己的职业生涯发展脉络有个清楚的构想，只要仔细研究还是能识别招聘中的大多数欺骗的幌子。要时刻提醒自己，不缴不知用途的款，不购买自己不清楚的产品，不将证件及信用卡交给该公司保管，不随便签署文件，不为薪资待遇不合理的公司工作。不要心存侥幸，认为不好的事情不会发生在自己身上。

某中职毕业生张天在毕业后，并没有急于找工作，每天玩着网络游戏。他想找个更有前途的工作。其实据他事后回忆，当时自己也不知道所谓有前途的工作到底是什么。看着早出晚归的同学，他已经陷入迷茫中。到了11月份，张天已经身无分文，靠朋友和同学的接济勉强吃饭。可是要交房租了，倔强的张天也不想再麻烦朋友和同学，离家几个月工作也没有眉目，自觉不好意思再求助家人，心里的焦急可想而知。

终于，张天在网上看到了一条招聘消息，职位是"游戏测试员"，喜爱玩游戏的张天单纯地幻想：在开心地玩游戏的同时还有不菲的收入，这个工作很适合自己。但是去应聘时对方表示，要先交300元的报名费，然后回去等通知，一个星期后会有通知。张天咬牙拿出了刚从同学那借来吃饭的300元钱交给对方，然后满怀希望地走了。

当晚，兴高采烈的张天和刚下班回家的同学说起了这事，他的同学当即表示他可能上当了。张天如遭雷劈，但还是抱有幻想。张天在忐忑中等了一个星期，对方一直没有打电话通知。忍耐不住的张天打电话询问，但是电话打不通，再次跑到招聘的公司，却已经人去屋空。愤怒的张天随后选择了报警。

警方表示为难，因为被骗数额太小，很难定性，而且偌大的北京，去哪里找那个骗子？此事只好不了了之。受到严重打击的张天没多久便回到了老家再谋出路，走的时候自觉没脸面，甚至都没有向亲密的同学和朋友们告别。

目前社会上实习和就业的陷阱很多，对缺乏社会经验又急于就业的学生来说，是防不胜防。在求职过程中，求职者往往处在相对弱势的地位，一旦发生劳动纠纷，通过法律途径寻求解决办法时，成本和费用相当高。所以我们要树立正确的实习、择业、就业观，尽量少走弯路。

单元三　抵制传销骗局

一、传销的危害

由于非法传销活动具有隐蔽性、欺骗性、流动性和群体性，因此，极易演变为有组织的社会犯罪，它不仅会对广大参与传销的人员造成身心和经济上的损害，而且也会对经济秩序和整个社会造成极大的危害。

（一）误导思想，污染社会

一方面，非法传销的核心理念是"有钱就是成功"。成功的定义被他们狭隘地限定在能否拉下线、上业绩、日进斗金。其实，任何成功都离不开个人对社会的贡献，成功是社会对个人贡献的一种评价和回报。而他们宣扬的靠骗取人头费不劳而获的理念最终只能使人们的思想扭曲，从而误入歧途。另一方面，通过他们的"洗脑"，让人不以骗为耻，反以为荣，靠骗人赚钱心安理得。从心理上突破道德和法制的约束，危害人的思想信念基础，这样的社会成员如果达到一定规模，社会控制体系将面临崩溃的危险。称传销为"经济邪教"并不为过。

（二）危及社会诚信体系，动摇市场经济赖以发展的基础

非法传销的基本方式是"杀熟"，本质是欺骗，出售人与人之间的信任资源。参与者一旦发现自己被骗，解脱的方式就是发展下线，欺骗别人。这样一个庞大的骗子网络建立起来，如果无限发展下去，必然导致亲友相骗，朋友反目，人与人的信任资源无限流失。它不仅冲击正常的市场秩序，而且动摇市场经济赖以发展的基础。

（三）瓦解家庭，引起社会动荡

一方面，非法传销参与者多是被亲戚、朋友、同学、同乡，以介绍工作为名，骗到外省市。参与人员多是弱势群体，最后的结果往往是妻离子散，血本无归。另一方面，非法传销满足的唯一需求是"成功"。但是，在金字塔式的非法传销体系中，"人人都能成功"是无法兑现的。只有极少数接近塔尖的"硕鼠"才能一夜暴富，而对无数身埋塔底的人来说，被激发起的"成功"欲求永远无法满足。这种普遍无法满足的欲求，最终必然成为社会的动荡之源，如图11-5所示。

图11-5　传销金字塔

二、如何抵制传销骗局

（一）政府和社会的抵制

过去，对组织传销的违法犯罪活动，在司法实践中，主要是根据实施传销行为的不同情况，分别按照非法经营罪、诈骗罪、集资诈骗罪等追究刑事责任，并无对传销罪的专门规定。为了更有效地打击传销违法犯罪活动，国务院法制办、公安部、国家工商总局等部门提出，在刑法中对组织、领导实施传销行为的犯罪做出专门规定。

2007年教育部、公安部、国家工商行政管理总局联合发出了《关于开展防止传销进校园工作的通知》。

政府各级教育行政部门、公安机关、工商行政管理机关等在加大宣传教育和管理的同时，严厉打击传销活动，做到"标本兼治，着力治本"，并密切配合学校、当事人家属做好解救受骗学生的工作。出"重拳"打击传销如图11-6所示。

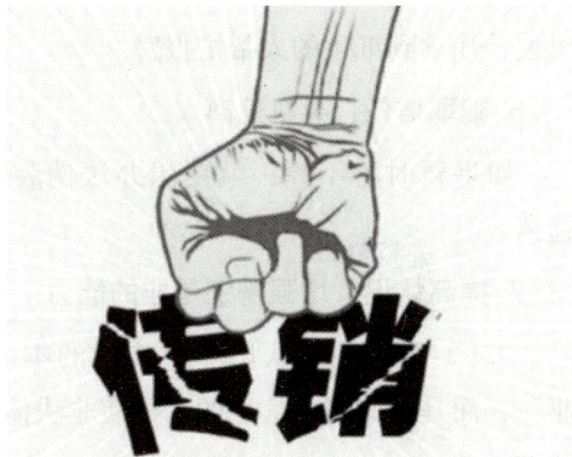

图 11-6　出"重拳"打击传销

（二）学校的抵制

学校广泛开展禁止传销宣传教育活动，使广大学生认清传销的欺诈本质和严重危害，帮助学生提高识别能力，增强防范意识，自觉抵制传销。加强学校安全管理和学生管理，严禁任何传销组织及人员在校园内进行任何形式的宣传、蛊惑及诱骗活动。及时了解学生思想动态，依托班级、社团、辅导员、班主任等引导学生自我教育、自我管理。针对寒暑假学生开展社会实践等活动，加强对外出实习学生、毕业班学生等重点群体的教育和管理。

（三）学生的抵制

1. 克服恐惧心理，沉着冷静很重要

误入传销组织后，不能做一些过激的行为，如跳楼、拿刀伤人等，这样非但不能解决问题，反而让自己陷入更危险的境地。只有沉着冷静，才能与传销组织斗智斗勇、巧妙周旋，最终化险为夷。

2. 保持清醒的头脑

传销组织会对人进行洗脑，这是传销组织控制参加者的最有力手段，如果接受了洗脑，后果不堪设想。因此，头脑必须保持足够的清醒，任他吹得天花乱坠，绝对不能上当。

3. 记住地址，伺机报警

一旦误入传销组织，首先要想办法偷偷报警，或者告知自己的亲人朋友帮助报警。但要知

道自己所处的具体位置，或者观察附近有没有标志性建筑，以待救援。

4. 找到机会逃跑

传销组织每天都有一些户外活动，在这个过程中随行的人可能相对较少，此时如果有机会，可迅速逃离。

5. 向别人寻求帮助

如果可以接近一些机关单位、企事业单位，可以找机会跑过去向保安或工作人员求助；或者跑向人多的地方高声向路人求救；也可以在上厕所时偷偷写好求救纸条，然后找机会悄悄递出去，让拿到纸条的人帮忙报警。

6. 骗取信任，寻机逃离

如果暂时跑不掉，就要想办法伪装，骗取他们的信任，等他们放松警惕后再寻找机会逃离。

7. 提高认识，增强辨别是非的能力

（1）要进一步认识非法传销的本质、危害及手段。非法传销绝不是什么"光辉的事业"，而是国家明令禁止的一种使非法传销的少数组织者聚敛钱财，使绝大多数加入者受害的欺诈活动。

（2）要进一步提高辨别是非的能力。特别是对于那些用光环罩着的非法传销的谬论，要进一步认识其欺骗的本质。认识到非法传销绝不会"人人都能成功"，绝不会"一夜能暴富"，更不是最公平的"皇帝轮流做，谁都有钱赚"，而是顶级传销商敛财的机器，从根本上增强抵制参与非法传销的自觉性。

8. 树立正确的致富观

中职生能否致富，并不完全决定于就业的岗位选择，关键要看自己的付出和对社会的贡献大小，只想走捷径是不可能的。只有靠科学才能致富，靠勤劳才能致富，守法才能致富，只有这样的致富才会受到法律的保护。否则，靠投机、欺诈的致富，最终会受到法律的制裁，落得人财两空。所以，非法传销绝不是一条致富路，而是一条不归路，无论如何都要远离非法传销这条路。

9. 增强法制观念

2005年11月1日，《禁止传销条例》颁布实施。中职生是国家多年培养的人才，是我们未来的希望，要想成就一番事业，有所作为，就必须树立法纪观念，明确哪些是法纪提倡保护的，哪些是法纪禁止的。凡是法纪禁止的，坚决不做。那些明知传销已被明令禁止，或事后察觉上当受骗，仍坚持迷途不返的，最后必将受到法律的制裁。

10. 迷途知返

中职生不论何种原因，一旦误入非法传销，一是要迷途知返，可与学校老师取得联系，也可以拨打"110"报警，尽快设法脱离传销组织；二是不能一错再错，自己被骗受害后，不能再骗别人受害。

小知识　　　　求职防诈骗

第一，"皮包公司"合伙诈骗。一些劳务中介所为了获取应聘者的信任，与"骗子公司"或"皮包公司"合伙进行诈骗。专家提醒，求职时必须提高警惕，不要轻信花言巧语。不要将本人的身份证、暂住证等有关证件随意交给招工者，防止被骗子控制。

第二，网络设好陷阱要求转账。一些网络骗子编织各种美丽的招聘陷阱，诱骗求职者把钱存入指定的账户以达到诈骗目的。专家提醒，不要被那些诱人的待遇和薪水迷惑，更不要贸然向招工者提供的银行账号汇钱。

第三，吹嘘有关系，要求钱财疏通。诈骗分子吹嘘自己门路广、关系多，可以通过"关系"帮事主找到"好"工作，但为了疏通关系需要花钱。当事主交钱后，骗子要么逃之夭夭，要么工作遥遥无期。

课后测试

1. 谈谈你对传销的看法。

2. 进入传销陷阱后如何应对？

3. 遭遇求职陷阱时，学生该怎么应对？

4. 遭遇求职陷阱，我们应该怎样维护自己的合法权益？

参 考 文 献

［1］王彬，蹇华亭，汪姗姗.中职生安全教育［M］.成都：西南交通大学，2018.

［2］劳琼梅，杨敏斌，李明海.中职生安全教育［M］.北京：北京理工大学出版社，2022.

［3］马超，孙先剑，侯明新.中职生安全教育［M］.北京：北京理工大学出版社，2022.

［4］王振鹏，曹志国.中职学生健康教育导论［M］.北京：中国农业大学出版社，2020.

［5］王钟宝.中职生心理健康教育（第一册）［M］.西安：西安电子科技大学出版社，2022.

［6］李文柱.心灵成长——新编中职学生心理健康教育［M］.北京：机械工业出版社，2019.

［7］王振鹏.中职学生健康教育导论［M］.北京：中国农业大学出版社，2020.

［8］吕蕾.公共卫生与疾病预防控制［M］.广州：世界图书出版广东有限公司，2020.

［9］张一帆.职业健康与安全［M］.北京：中国医药科技出版社，2020.

［10］朱印华，童永通，巴晓伟.中职生核心素养教育［M］.北京：中国人民大学出版社，2021.